ORIENTAÇÃO PARA ESTÁGIO EM TURISMO

Dados Internacionais de Catalogação na Publicação (CIP)
(Câmara Brasileira do Livro, SP, Brasil)

Bianchi, Anna Cecilia de Moraes
    Orientação para estágio em turismo : trabalhos,
projetos e monografias / Anna Cecilia de Moraes Bianchi,
Marina Alvarenga, Roberto Bianchi. -- 2. ed. --
São Paulo : Pioneira Thomson Learning, 2004.

    ISBN 85-221-0416-6

    1. Estagiários 2. Turismo - Estudo e ensino
(Estágio) I. Alvarenga, Marina. II. Bianchi,
Roberto. III. Título.

04-2306   CDD-338.479107155

Índices para catálogo sistemático:

1. Estágio curricular supervisionado : Turismo :
    Estudo e ensino 338.479107155
2. Turismo : Estudo e ensino : Estágio
    curricular supervisionado 338.479107155

ANNA CECILIA DE MORAES BIANCHI
MARINA ALVARENGA
ROBERTO BIANCHI

ORIENTAÇÃO PARA ESTÁGIO EM TURISMO:

Trabalhos, Projetos e Monografias

2ª Edição

Austrália Brasil Cingapura Espanha Estados Unidos México Reino Unido

Gerente Editorial:
Adilson Pereira

Editor de Desenvolvimento:
Marcio Coelho

Supervisora de Produção Editorial:
Patricia La Rosa

Produtora Editorial:
Danielle Mendes Sales

Copidesque:
Cristiane de Vasconcelos Schlecht

Revisão:
Emília Raquel de Azevedo e Iná de Carvalho

Composição:
DesignMakers Ltda.

Capa:
LUMMI Produção Visual e Assessoria Ltda.

Copyright © 2004 de Pioneira Thomson Learning Ltda., uma divisão da Thomson Learning, Inc. Thomson Learning™ é uma marca registrada aqui utilizada sob licença.

Impresso no Brasil.
Printed in Brazil.
1 2 3 4   06 05 04

Rua Traipu, 114 – 3º andar
Perdizes – CEP 01235-000
São Paulo – SP
Tel.: (11) 3665-9900
Fax: (11) 3665-9901
sac@thomsonlearning.com.br
www.thomsonlearning.com.br

Todos os direitos reservados. Nenhuma parte deste livro poderá ser reproduzida, sejam quais forem os meios empregados, sem a permissão, por escrito, da Editora. Aos infratores aplicam-se as sanções previstas nos artigos 102, 104, 106 e 107 da Lei nº 9.610, de 19 de fevereiro de 1998.

Dados Internacionais de Catalogação na Publicação (CIP)
(Câmara Brasileira do Livro, SP, Brasil)

Bianchi, Anna Cecilia de Moraes
Orientação para estágio em turismo : trabalhos, projetos e monografias / Anna Cecilia de Moraes Bianchi, Marina Alvarenga, Roberto Bianchi. -- 2. ed. -- São Paulo : Pioneira Thomson Learning, 2004.

ISBN 85-221-0416-6

1. Estagiários
2. Turismo - Estudo e ensino (Estágio)
I. Alvarenga, Marina.
II. Bianchi, Roberto. III. Título.

04-2306
CDD-338.479107155

Índices para catálogo sistemático:

1. Estágio curricular supervisionado : Turismo : Estudo e ensino   338.479107155
2. Turismo : Estudo e ensino : Estágio curricular supervisionado   338.479107155

A força que nos impulsiona, para atingirmos nossos objetivos, é a fé e, por meio dela, superamos todos os nossos limites.

Apresentação

Este livro é fruto de longos anos de experiência com o Estágio Curricular, disciplina que é acompanhada e supervisionada por professores da instituição que o aluno freqüenta.

Há tempos, sugerimos que as atividades de estágio fossem alicerçadas em planejamento, com o apoio da Metodologia Científica. Resultaria daí um projeto para o estagiário apresentar na empresa que teria como fundamentação os conteúdos das disciplinas específicas ou profissionalizantes. Um relatório determinaria a finalização do estágio.

Já na primeira edição deste livro, essa base, sugerida para efetivação do Estágio Curricular Supervisionado, foi de grande aceitação, pois esse aprendizado facilitou, também, a execução de trabalhos em cursos posteriores à graduação, nos quais projetos são solicitados para se realizarem pesquisas, seguindo-se a apresentação dos resultados, em monografias, dissertações, relatórios e outros trabalhos.

Para que essas atividades se concretizem de forma objetiva e dêem segurança a alunos e professores, procedemos, nesta segunda edição, à revisão do que se refere às normas da Associação Brasileira de Normas Técnicas (ABNT), incluindo a aplicação da NBR 14724 de agosto de 2002, que tem por objeto a apresentação de trabalhos acadêmicos. Essas regras são seguidas para tornar uniformes os trabalhos, entre os quais se incluem os destinados à avaliação do Estágio Supervisionado.

No período dedicado ao estágio, o aluno deve empenhar-se, inicialmente, na elaboração de um projeto no qual estabeleça os procedimentos indispensáveis ao sucesso de seu trabalho. Aos poucos, reúne material em portfólio e em diário de campo, para ter segurança ao preparar gradualmente o relatório que finaliza as atividades do estágio.

Foi-nos possível pôr em prática esse esquema, com o apoio da instituição em que atuamos e agimos de comum acordo, e certamente em harmonia, para que, com o nosso empenho, esse objetivo se concretizasse: ensinar nosso aluno, do curso de Turismo, a "alçar vôo", tornando-o independente no exercício da profissão que escolheu.

Os autores

Sobre os autores

Anna Cecilia de Moraes Bianchi
Mestre em Educação.
Professora de Didática, Prática de Ensino e Estágio Curricular Supervisionado na Universidade Braz Cubas desde 1971.
Secretaria da Educação do Estado de São Paulo: Professora, Diretora de Escola, Técnica de Ensino na DRE – 5 Leste Mogi das Cruzes (de 1954 a 1981).
Coordenadora do NEC – Núcleo de Educação e Cultura da Estância dos Reis – Mogi das Cruzes (de 1983 a 1990).
Diretora do Colégio Santa Mônica de Mogi das Cruzes –1º e 2º graus (de 1991 a 1995).

Marina Alvarenga
Socióloga, Mestre em Sociologia da Educação.
Professora de Sociologia, Antropologia e Metodologia Científica na Universidade Braz Cubas (desde 1988).
Professora de Sociologia, Antropologia e Metodologia Científica nas Faculdades Capital (de 1995 a 1997).
Professora de Prática de Ensino em Ciências Sociais – Estágio Supervisionado (de 1987 a 1989).
Professora de Sociologia e História na Rede de Ensino do Estado de São Paulo (de 1986 a 1996).

Roberto Bianchi
Mestre em Educação na área de Matemática e Estatística.
Professor de Matemática e Estatística na Universidade Braz Cubas (desde 1969).
Professor de Matemática e Estatística do I.E.S. Senador Fláquer de Santo André (de 1969 a 1976).
Professor Efetivo no Ensino Secundário do Estado de São Paulo (de 1964 a 1974).
Professor de Projeto e Concreto Armado da Universidade de Mogi das Cruzes (de 1977 a 1987).

Sumário

INTRODUÇÃO	XV

CAPÍTULO 1

O Estágio Hoje — **1**

1.1 Afinal, o que é o estágio hoje? — 1

1.2 Uma pequena parte da legislação — 3

1.3 O estágio no curso de Turismo — 5

1.4 O significado de Turismo — 6

1.5 Locais de estágio — 8

1.6 Os estágios supervisionados e os egressos da universidade — 11

1.7 Fases do estágio supervisionado — 12

   1.7.1 Parte burocrática — 13

   1.7.2 Ação pedagógica — 13

   1.7.3 Ações administrativas — 14

CAPÍTULO 2

Projeto para o Estágio Curricular Supervisionado   15

2.1 O projeto	15
2.2 Elaboração do projeto	17
2.2.1 Tema	17
2.2.2 Problema	18
2.2.3 Justificativa	18
2.2.4 Objetivos	19
2.2.5 Pressupostos teóricos	20
2.2.6 Hipóteses	22
2.2.7 Variáveis	23
2.2.8 Procedimentos metodológicos	23
2.3 Amostra	25
2.4 Coleta de dados	25
2.5 Cronograma	26
2.6 Bibliografia e/ou referências	26

CAPÍTULO 3

Como Redigir e Apresentar o Projeto   27

3.1 Orientações gerais	28
3.2 Capa	28
3.3 Folha de rosto	31
3.4 Sumário	34
3.5 Estrutura de apresentação do projeto	35
3.6 Normas para datar – NBR 5892/ago/1989	36
3.7 Abreviaturas – NBR 10522/1988	37
3.8 Lembretes	39

CAPÍTULO 4

Estatística   **41**

    4.1 Introdução   41

    4.2 Aplicação   44

    4.3 Formulário   55

        4.3.1 Média Aritmética   55
        4.3.2 Desvio-Padrão   55
        4.3.3 Mediana   56
        4.3.4 Moda   56
        4.3.5 Média Geométrica   57
        4.3.6 Média Harmônica   57
        4.3.7 Desvio Médio   58
        4.3.8 Raiz Média Quadrática 58

CAPÍTULO 5

Apresentação Final do Estágio: o Relatório   **59**

    5.1 Considerações preliminares   59

    5.2 Importância da elaboração dos trabalhos de acordo
        com as normas existentes   60

    5.3 Apresentação do relatório   61

        5.3.1 Capa   63
        5.3.2 Lombada   65
        5.3.3 Folha de rosto   66
        5.3.4 Errata   67
        5.3.5 Folha de aprovação   68
        5.3.6 Dedicatória   69
        5.3.7 Agradecimentos   69
        5.3.8 Resumo em língua vernácula e em
            língua estrangeira   70
        5.3.9 Relação de tabelas, gráficos e listas   70
        5.3.10 Sumário   70

5.3.11 Introdução	71
5.3.12 Desenvolvimento do trabalho	73
5.3.13 Considerações finais	74
5.3.14 Bibliografia ou referências	74
5.3.15 Glossário	75
5.3.16 Apêndice(s). Anexo(s). Índice(s)	75
5.4 Capa de fundo	75
5.5 Lembretes e recomendações finais	76

BIBLIOGRAFIA 79

APÊNDICE
Projeto de Estágio 85

ANEXOS
**Anexo 1 – Lei n° 6.494,
de 7 de dezembro de 1977** 99
**Anexo 2 – Decreto n° 87.497,
de 18 de agosto de 1982** 102

Introdução

Ao bom observador da sociedade é fácil perceber que as profissões variam no tempo e no espaço, de acordo com as mudanças tecnológicas, culturais e com as relações de produção. Assim ocorreu durante toda a história da humanidade: vimos ofícios surgirem, enquanto outros desapareciam, tornando-se apenas folclore ou lembranças.

O mundo atual não é diferente, porém é mais rápido e nele a escolha da profissão tem sido determinada tanto pelo mercado como pelo envolvimento do profissional com a área que escolheu.

Este livro destina-se a professores/orientadores e acadêmicos, os quais devem estar comprometidos com o seu crescimento social e ansiosos por melhorarem cada vez mais sua formação. O estágio é uma das múltiplas oportunidades para esse aprimoramento e, para ser efetivamente útil, acrescentando conhecimento e experiência, é preciso desenvolvê-lo metodologicamente, aliando-o às disciplinas que fazem parte do currículo dos cursos.

Considerando-se a competitividade da sociedade contemporânea, o direito de ir-e-vir, as necessidades culturais, a facilidade dos meios de comunicação, as possibilidades de deslocamento do homem para locais longínquos e a vida estressante, faz-se urgente, para ele, pensar na satisfação via lazer e incluí-la em sua agenda.

O homem, com o passar do tempo, distanciou-se da capacidade de harmonizar-se com o ambiente à sua volta, precisando recorrer às chamadas "empresas de lazer" para compensar essa carência. Abre-se aí o campo para aqueles que se formam nos cursos de Turismo.

Tais reflexões nortearam a elaboração deste livro, como um guia útil para o acadêmico que escolheu essa área encontrar uma diretriz a seguir, permitindo a consecução de suas metas de maneira mais criativa e eficaz e com uma visão crítica, baseada em pesquisa sistemática.

Dele constam os seguintes passos básicos: a legislação, a fim de que o aluno se familiarize com o que faz; a elaboração do projeto, enquanto planejamento de sua ação; a apresentação das diretrizes para o relatório, fazendo uso da Estatística, instrumento fundamental para dar veracidade aos resultados obtidos. Esses passos levam o acadêmico à realização de um trabalho eficiente. Dele constam, também, orientações e lembretes úteis em várias situações.

Este é um guia, e não um roteiro dogmático a ser seguido. Por isso, foi escrito com o objetivo de dar orientações, permitindo ao aluno independência e criatividade, de modo que possa encontrar diversos locais para atuação.

No capítulo 1 encontram-se esclarecimentos sobre o Estágio Curricular Supervisionado, sua importância e indicações para o curso de Turismo.

Nos capítulos 2 e 3 as orientações são para o aluno planejar, redigir e apresentar o projeto.

O quarto dedica-se à Estatística, objetivando a elaboração de um trabalho mais completo.

A orientação para a apresentação final desse trabalho acadêmico – em forma de relatório – encontra-se no capítulo 5[1].

A experiência nos mostra: os acadêmicos que se destacam nos estudos encontram seu lugar com mais facilidade, ao colocar em prática

---

[1] Foram seguidas as normas da Associação Brasileira de Normas Técnicas: a NBR 14724 de agosto de 2002 (Informação e documentação – Trabalhos Acadêmicos – Apresentação) e as demais indicadas para esses trabalhos. Há, entretanto, normas internacionais que as nossas instituições podem adotar.

toda vivência adquirida durante seu aprendizado. No exercício da profissão, a criatividade e a inovação tornam-se características marcantes e os passos do estágio são o começo das etapas a serem seguidas em um trabalho eficiente.

Capítulo 1

O Estágio Hoje

1.1 Afinal, o que é o estágio hoje?

O estágio é conhecido como um trabalho exercido por uma pessoa em uma empresa por determinado tempo, pautando-se em um contrato firmado pelas partes no qual são estabelecidos os serviços que a contratada deve prestar. Esse é um acordo comum e também a forma como é entendido o estágio pela maior parte dos que nele atuam.

Entretanto, o Estágio Curricular Supervisionado tem abrangência muito maior, pois compromete-se com o relacionamento escola/empresa; é parte integrante das grades curriculares; e envolve conteúdos que devem não somente interessar às empresas como também servir de complemento ou prática às disciplinas específicas dos cursos.

É importante que o aluno, ao concretizá-lo, conheça não só sua obrigatoriedade como também os benefícios que dele podem advir.

Já é tempo de darmos o devido valor a essa disciplina. Ela não acontece na sala de aula, por isso dá ao aluno a oportunidade de ser independente, de vivenciar situações e problemas relativos à profissão escolhida, encontrados em conteúdos das disciplinas de seu curso.

O Estágio Curricular Supervisionado é, também, uma atividade que pode favorecer a interface entre disciplinas de um curso, sejam elas gerais ou específicas, facilitando de modo incontestável a aprendizagem. É ainda o modo mais preciso – se não o único – de promover a inter-relação teoria/prática. Para haver essa comunicabilidade, é necessário compreender bem o Estágio Curricular.

No *Manual de Orientação:* estágio supervisionado, de nossa autoria, lê-se à página 17:

> Há situações em estágio que servem como alerta para professores e seus orientandos.

> O aluno se coloca muitas vezes à disposição na organização para serviços que nada têm a ver com sua área de estudos; cumpre a carga horária prevista, no primeiro semestre ou ano do curso, e acredita que esse "trabalho" é o estágio supervisionado.

Sendo assim, a relação preconizada entre teoria e prática torna-se "impraticável", e o futuro profissional perde a oportunidade única de, enquanto estudante, ampliar seus conhecimentos.

> É preciso que os alunos demonstrem ao mercado de trabalho e à comunidade que sua universidade está formando profissionais que contam com um referencial teórico/prático que os levará a exercer com qualidade as funções às quais se destinam (Bianchi et al., 1998, p. 17).

Muitos alunos que realizaram estágios com sucesso e apresentaram um bom relatório têm permanecido nas empresas, legalmente contratados.

Quando em contato com educandos, frisamos que essa não é uma disciplina existente nos currículos a ser cumprida apenas para obter uma nota. Ela lhes permite o contato com a realidade, com o mercado de trabalho, com a comunidade, além de torná-los criativos e independentes.

Todo trabalho escrito deve seguir normas para que a uniformidade seja sua principal característica. Para os trabalhos acadêmicos, a Norma 14724 da Associação Brasileira de Normas Técnicas torna-os regulares em sua apresentação. No Capítulo 5 encontram-se as orientações pertinentes a eles.

É importante, entretanto, dar a devida atenção à legislação, pois o estágio existe porque foi instituído a partir de lei nos currículos das instituições de ensino profissionalizante e nas universidades, na medida em que o mercado de trabalho necessita de profissionais que, além de conhecerem a teoria, sejam eficientes também na prática.

1.2 Uma pequena parte da legislação

O estágio, como vimos, tira o aluno daquele ir-e-vir constante para a escola, sentando-se em uma sala de aula, aprendendo as necessárias teorias, cumprindo obrigações com referência a trabalhos, provas, freqüência às aulas, entre outras; durante sua realização, quanto mais o aluno for aplicado, criativo, conhecedor de suas obrigações previstas em lei e independente, melhores resultados poderá obter. Por esse motivo, é importante que professores e alunos também conheçam a legislação referente a essa disciplina.

O estágio tem por objetivo envolver o estudante com as organizações e é previsto pela Lei nº 6.494[1], sancionada em 7 de dezembro de 1977. Há referências anteriores, mas essa é a que a ele hoje se aplica.

Não deixaríamos de citar aqui a publicação do Ministério da Educação, de 1979, *ESCOLA/EMPRESA – a qualificação pelo estágio,* documento importante que apenas dois anos depois da promulgação dessa lei já prevê, para as universidades, a instalação em seu contexto de uma Coordenadoria de Estágios para a "melhoria" dessa atividade, procurando:

> (...) uma ação mais direta, agindo através da própria universidade, uma vez que se deveria criar uma estrutura que possibilitasse dar continuidade ao processo de integração. Por isso, está sendo recomendada enfaticamente, pelo Departamento de Assuntos Universitários, a criação de uma célula administrativa chamada Coordenadoria de Estágio, dentro da Universidade, capaz de articular-se diretamente com a empresa. As experiências, levadas a efeito pelo MEC no projeto de sua implantação,

---

[1] Ver Anexo 1, à pág. 99.

evidenciaram esta necessidade como um processo permanente capaz de conduzir as Instituições de Ensino à prática de estágio como atividade curricular.

Em 1982, o Decreto n° 87.497[2] cita organizações que visam facilitar a entrada de alunos no mercado de trabalho, denominadas agentes de integração, que assumiriam a parte burocrática do estágio, em ação conjunta com as escolas, colocando o aluno em empresas.

É interessante que estudantes se habituem a conhecer os textos das leis, decretos e outros aspectos da legislação. Esse decreto encontra-se no Anexo 2 deste manual, na íntegra. Aqui reproduzimos alguns trechos:

> Art. 4° As instituições de ensino regularão a matéria contida neste Decreto e disporão sobre:
>
> a) inserção do estágio curricular na programação didático-pedagógica;
>
> b) carga horária, duração e jornada de estágio curricular, que não poderá ser inferior a um semestre letivo;
>
> c) condições imprescindíveis para caracterização dos campos de estágios curriculares, referidas nos §§ 1° e 2° do Art. 1° da Lei n° 6.494, de 07 de dezembro de 1977;
>
> d) sistemática de organização, orientação, supervisão e avaliação do estágio curricular.

Para que o estagiário compreenda que o estágio é instituído por lei e obrigatório, transcrevemos ainda o § 1° do Art. 1° da Lei n° 6.494, citada na alínea c acima:

> § 1° O estágio somente poderá verificar-se em unidades que tenham condições de proporcionar experiência prática na linha de formação, devendo o estudante, para esse fim, estar em condição de estagiar, segundo disposto na regulamentação da presente lei.

Concluindo: sempre que se busque ou se aceite um estágio curricular, por intermédio da escola ou por um agente de integração,

---

[2] Ver Anexo 2, à pág. 102.

ele deve obedecer às tramitações legais e estar relacionado com o curso que o aluno freqüenta, que, no nosso caso, é o de Turismo.

Para informações mais completas, pode ser consultado, além dos anexos, o *site* na Internet do Ministério da Educação brasileiro, www.mec.gov.br.

1.3 O estágio no curso de Turismo

É necessário que o aluno compreenda o que é o Estágio Curricular Supervisionado.

O estágio é um período em que o aluno vivencia o conteúdo aprendido nas disciplinas de um curso, em determinado local de trabalho. Pode ser um período probatório e temporário, remunerado ou não, que qualquer pessoa pode exercer em uma empresa. O estágio destinado a alunos regularmente matriculados em escolas, entretanto, é regido pelas leis que vimos anteriormente.

O estágio pode ser um período de aprendizagem e de autêntica experiência; quando solicitado por uma instituição (escola profissionalizante, universidade ou outra), poderá transformar-se em uma autêntica história de vida voltada para a profissão, desde que resulte em relação teoria/prática.

Portanto, o que o aluno aprende no curso que freqüenta deve ser utilizado, na prática, na organização em que pretende estagiar.

Esse estágio deve ser acompanhado por pessoas designadas pela empresa e por professores das instituições, para que seja efetivamente o Estágio Curricular Supervisionado, disciplina que faz parte da grade curricular dos cursos.

É muito importante que as funções às quais se destinam os estagiários em suas profissões sejam as prioridades do tema a ser desenvolvido no *projeto* que inicia o estágio curricular, cujos passos estão no Capítulo 2 deste manual.

No curso de Turismo, portanto, o aluno deve procurar conhecer empresas ou organizações que correspondam aos conteúdos estudados nas disciplinas específicas ou profissionalizantes.

1.4 O significado de Turismo

É do interesse do aluno compreender o significado da palavra turismo antes que passe a aprender como elaborar um projeto, pois muitos jovens que procuram o curso não entendem o amplo universo dessa profissão.

Observa-se, na maior parte das vezes, que os estudantes acreditam ser um curso destinado a preparar guias para conduzirem pessoas desejosas de chegar a locais de seu interesse. É, por isso, importante conhecer a origem desse vocábulo, empregado em todos os países do mundo.

Em qualquer profissão, aquele que pretende alcançar sucesso e, principalmente, mostrar conhecimento, deve ser um eterno estudante. Essa não é uma obrigação apenas de quem freqüenta uma escola, mas faz parte de todos os momentos de nossas vidas.

Devido à aculturação, no Brasil, na "nossa língua portuguesa", há uma infinidade de vocábulos que pronunciamos sem atinar ou nos preocuparmos com seu significado. É interessante como, no nosso dia-a-dia, passamos por locais, reconhecemos vegetais e objetos por sua denominação sem sequer nos darmos conta de que são de origem tupi-guarani. São cerca de 6 mil vocábulos que assim passaram para o português.

Mais: com a globalização, muitos termos passam a fazer parte de nosso cotidiano, às vezes aportuguesando-se, sem que igualmente atentemos para sua origem. A palavra "turismo", por exemplo, de que língua procede?

Para aquele que é curioso e estudioso, um bom dicionário sempre é ótimo, mas o dicionário etimológico é um companheiro inseparável. Para qualquer setor do turismo a que se dedique, esse conhecimento é bastante interessante para o início de uma procura que o tornará um *expert* em seu campo de atuação.

Vejamos o que nos informa um dicionário desse tipo sobre a palavra em questão:

> **Turismo** s.m. Viagem ou excursão feita por prazer a locais que despertam interesse. [...] O conjunto dos serviços necessários ao atendimento às pessoas que fazem esse tipo de viagem. XX[3]. Do ing. tourism (de tour, do fr. tour), talvez através do fr. tourisme (Cunha, p. 798).

A palavra da língua francesa *tour* tem diversos significados, entre eles torre, contorno, circunferência, o que dá volta a alguma coisa, cilindro, rotação, entre muitos outros. O mais interessante entre eles é que *faire un tour* significa dar uma volta, um passeio. Essa última acepção é aqui a mais próxima de nosso interesse nesta pequena análise da palavra "turismo".

Prosseguindo: o sufixo nominal *ismo* é derivado do grego *ismós* e do latim *ismus*. É encontrado atualmente em línguas modernas, em particular no francês e no inglês, dos quais muitas palavras serviram de modelo para a língua portuguesa.

O dicionário etimológico utilizado nessa procura nos informa, portanto, que a palavra *turismo*, como é usada na língua portuguesa, "talvez" tenha origem inglesa (*tourism*) ou francesa (*tourisme*).

Não deixaríamos de lado alguns enfoques da palavra *turismo* atribuídos a Mathieson & Wall, que se encontram em Lage & Milone (2001, p. 45):

> • O movimento temporário de pessoas para locais de destino externos a seus lugares de trabalho e moradia;
>
> • As atividades exercidas na permanência desses viajantes nos locais de destino, incluindo os negócios realizados; e
>
> • As facilidades, os equipamentos e os serviços criados decorrentes das necessidades dos viajantes.

Esse pequeno trecho em que se procurou pensar a origem, o significado e o enfoque do termo *turismo* tem por objetivo provocar o

---

[3] XX – século da provável introdução desse vocábulo em nosso idioma. *Dicionário Etimológico Nova Fronteira da Língua Portuguesa*, de Antônio Geraldo da Cunha.

interesse pelas palavras especiais dessa área, o que, naturalmente, inclui muitas outras. Poderá o aluno que assim agir aprofundar-se mais em suas pesquisas, em seus trabalhos científicos, tornando-os mais criativos. Estudar a origem das palavras certamente torna o interessado mais culto, e talvez mais competente.

1.5 Locais de estágio

A grade curricular do curso de Turismo abrange as disciplinas de cunho geral e as específicas, sendo essas últimas direcionadas para as áreas às quais normalmente são encaminhadas as buscas para a realização de estágios. As disciplinas de formação básica, entretanto, devem também ser incluídas, dependendo do tema definido para a realização do trabalho.

Da proposta de diretrizes curriculares do Ministério da Educação (MEC) constam:

1) Disciplinas e conteúdos de formação básica:

Administração

Antropologia

Direito

Economia

Estatística

Estudos Brasileiros

Filosofia

Geografia

História

Língua Portuguesa

Metodologia Científica

Psicologia

Sociologia

Contabilidade

2) Sugestões de disciplinas de conteúdos específicos:
Língua Estrangeira
Planejamento e Organização do Turismo
Teoria Geral do Turismo
Marketing
Eventos
Lazer
Meios de Hospedagem
Nutrição e Dietética
Alimentos e Bebidas
Restaurantes
Agenciamento
Transportes
Informática
Ecologia
Relações Públicas
Ética Profissional
entre outras

3) Sugestões de disciplinas profissionalizantes:
Legislação Turística
Legislação Ambiental
Marketing de Serviços
Marketing Turístico
Técnicas Publicitárias
Cerimonial
Técnicas de Recreação
Parques Temáticos e Aquáticos
Organização de Roteiros
Formação do Empreendedor

Gestão de Empresas Turísticas
Administração de Recursos Humanos
Gestão Financeira e Estudos de Viabilidade
Qualidade em Serviços Turísticos
Projetos Turísticos
Patrimônio Natural
Planejamento Ambiental
Espaço Turístico
Problemas Contemporâneos
Matemática Financeira
História da Arte
Turismo e Segmentos

Os locais de estágio devem atender aos conteúdos das disciplinas do curso para que haja inter-relação entre elas e a prática correspondente.

Em todos os cursos existem atividades que tornaram os estudos cada vez mais práticos: trabalhos independentes, visitas técnicas, visitas para atualização de conhecimentos (exposições, participação em congressos etc.) e estágios.

Este manual é direcionado para o Estágio Curricular Supervisionado, que visa introduzir o aluno diretamente no mercado de trabalho, de acordo com a legislação vigente. Pretende-se também dar enfoque especial à utilização da Metodologia do Trabalho Científico e ao conseqüente uso de normas técnicas para a elaboração de projetos e relatórios, o que é imprescindível nessa atividade escolar.

Por esse motivo, o estágio deve encaminhar alunos para organizações que permitam a realização de um trabalho cujo objetivo é preparar futuros profissionais com competência para elaborarem atividades criativas, como fruto da interação escola–empresa.

Os alunos matriculados em cursos de Turismo devem ser encaminhados para estágios em:

• operadoras e agências de viagem;

- transportadoras turísticas;
- empresas organizadoras de eventos;
- empresas organizadoras de recreação;
- estabelecimentos hoteleiros;
- outras empresas existentes na área;
- ou outras que permitam atuar em funções gerais.

Deve-se levar em conta que, em uma empresa destinada a atividades turísticas, o aluno encontra um grande leque de opções para escolher o tema e desenvolver seu trabalho.

Por exemplo, para uma empresa que oferece viagens, podem ser elaboradas pesquisas com referência a alojamentos extra-hoteleiros, transportadoras, locais de diversão, de recreação, de atrações naturais, de atrações religiosas, de existência de redes gastronômicas, de farmácias, postos de gasolina, comércio e uma infinidade de outras, que geram temas para o projeto que se pretenda elaborar e aplicar.

No Apêndice deste manual encontra-se um exemplo de projeto que poderá, com as devidas adaptações, ser um modelo útil para a realização do estágio ao qual o aluno se destina.

1.6 Os estágios supervisionados e os egressos da universidade

Temos acompanhado muitos egressos (alunos que concluíram cursos) em nossa longa experiência de trabalho que, ao se situarem, por meio do estágio, na profissão escolhida, permaneceram como funcionários efetivos na empresa em que estagiaram, e é comum que isso aconteça. As companhias que buscam crescimento e acreditam naquilo que esperam do futuro contratam estagiários não somente porque representam mão-de-obra barata, mas também para dar-lhes oportunidade de conhecer melhor a profissão que escolheram e associar o aprendido na escola à prática, na execução de serviços pertinentes à área a que se destinam.

As escolas, ao assinarem convênios, devem estar atentas à legislação e em especial às atividades que os alunos irão realizar para que haja um real aproveitamento desse trabalho.

> Estagiar é tarefa do aluno; supervisionar é incumbência da universidade, que está representada pelo professor. Acompanhar, fisicamente se possível, tornando essa atividade incomum, produtiva, é tarefa do professor, que visualiza com o aluno situações de trabalho passíveis de orientação (Bianchi et al., 1998, p. 16).

Portanto, é essencial que o aluno compreenda como é importante que se empenhe nessa atividade não somente porque a legislação assim o exige, mas principalmente para seu próprio benefício, para que tenha sucesso em sua futura profissão.

1.7 Fases do estágio supervisionado

O Estágio Curricular Supervisionado ocorre por meio de fases obrigatórias que, sendo seguidas, darão bons resultados e de antemão levam o aluno a familiarizar-se com atividades comumente encontradas quando da busca de empregos em empresas, atividades essas ligadas a procedimentos turísticos, políticos, comunitários e outros.

Uma dessas fases, que denominamos burocrática, antecede a realização do estágio e é a causadora de grandes expectativas, pois depende muitas vezes de buscas e investigações para levar ao lugar desejado e atender a essa exigência curricular.

As fases do estágio são:

– Parte burocrática.

– Ação pedagógica, que inclui a inter-relação escola/empresa e, ainda, procedimentos inerentes ao estágio.

– Ações administrativas.

1.7.1 Parte burocrática

O aluno, ao iniciar o estágio, terá de cumprir as condições burocráticas da seguinte forma:

– Procurar uma empresa que ofereça o estágio e proceder ao atendimento de suas exigências. Se aceito, levar à escola o convênio e o termo de compromisso exigidos por lei e que terão, se aprovados, a assinatura do representante da escola. Muitas organizações encaminham diretamente às escolas prospectos oferecendo oportunidades de estágio afixados em quadros destinados a esse fim.

– Há escolas que cadastram empresas que oferecem estágios, e os alunos são encaminhados a elas.

– Agentes de integração podem oferecer estágios em empresas e encaminhar o interessado diretamente a elas e ainda elaborar os convênios e termos exigidos por lei.

– A introdução do aluno no mercado de trabalho é o caminho que visa concretizar o solicitado nos currículos das escolas para que se realize a prática tão necessária nos dias de hoje. Cada escola tem sua maneira de encaminhar estudantes, por intermédio da coordenação, do setor de estágios, da secretaria ou por outro meio.

– Esse procedimento auxilia na familiarização do estudante com a burocracia existente em nosso país e com toda atividade formal que se proponha a executar.

1.7.2 Ação pedagógica

Superada a fase burocrática obrigatória, inicia-se a ação pedagógica.

Para tanto, haverá um professor/orientador que encaminhará a elaboração da primeira etapa do estágio.

Nos dois capítulos seguintes, serão conceituadas e exemplificadas todas as etapas que constituem esse primeiro passo, o projeto, indispensável para um bom aproveitamento da disciplina.

Concluído, o projeto deverá ser aprovado e acompanhado na empresa e na escola.

Na escola, deverá haver interface de duas ou mais disciplinas: a Metodologia Científica, orientando sobre as normas de elaboração do projeto e do relatório (ou monografia) e as profissionalizantes ou específicas, indicando temas que levarão às etapas subseqüentes. Os professores/orientadores serão os encarregados de orientar esses procedimentos.

No *Manual de Orientação:* estágio supervisionado, à página 18, faz-se referência a esses procedimentos:

> As situações de orientação envolvem a Metodologia Científica – instrumento de trabalho que, além de levar à elaboração de projetos para atuação no estágio, auxilia na redação de relatórios e monografias. Ao utilizá-las, os alunos têm oportunidade de provar sua capacidade na interpretação e aplicação de teorias e sua competência ao comunicar resultados em linguagem clara e precisa.

No Capítulo 4 deste manual encontra-se a orientação para a redação do relatório, no qual se registram os resultados da execução do projeto. Ao final, esse trabalho será avaliado de acordo com as normas pedagógicas e administrativas da instituição.

1.7.3 Ações administrativas

As ações administrativas seguem a legislação vigente. Há documentos nos quais se registram o cumprimento da carga horária, o local de estágio e outros detalhes necessários para o arquivo da secretaria da escola. Compete ao setor encarregado de cada instituição – secretarias, núcleos ou coordenadorias de estágio – elaborar esses documentos.

Capítulo 2

Projeto para o Estágio Curricular Supervisionado

2.1 O projeto

Em qualquer setor de atividade humana, planejar é necessário. O projeto é a preparação gradual ou o planejamento referente a algo que se pretende pôr em prática em qualquer área de estudos: ciências humanas, biológicas, exatas, artes e até mesmo em nossa vida pessoal. Elaborar pesquisas e projetos torna nossas atividades mais organizadas.

Na vida acadêmica, ao elaborar o projeto de Estágio Curricular Supervisionado, o aluno deve ter em mente que esse será o resultado de sua trajetória pelas várias disciplinas, considerando o homem como um ser multifacetado (histórico, social, político, econômico, biológico, religioso etc.) atuante em um meio geográfico e social. O projeto é o alicerce para um trabalho bem-feito. Podemos comparar o projeto de estágio com o de uma casa. Quando bem elaborado, poupa tempo e permite melhor aproveitamento do material.

Assim, pode-se afirmar que, mesmo escolhendo uma única área para realizar seu estágio, dada a complexidade do homem e de seu meio, o aluno deve ter segurança e clareza quanto àquilo que pretende, aos caminhos que vai seguir e como fará a pesquisa.

O estágio cada vez mais se evidencia como uma oportunidade para o aluno entrar em contato com a profissão que irá exercer. Aqueles que mais o aproveitarem, sem dúvida, estarão aptos a ingressar no mercado de trabalho; por isso, o aluno não pode ser passivo.

O período de estágio é uma oportunidade para o contato com profissionais da área e abre campo para o futuro exercício da profissão, podendo o aluno até ser efetivado na empresa em decorrência de seu desempenho.

O acadêmico deve desenvolver seu estágio de modo a transformá-lo em uma pesquisa sistemática, de acordo com as regras da Metodologia Científica, que permeiam o trabalho sistematizado, e utilizar a Estatística, como ferramenta em pesquisa, para comprovar resultados. Em qualquer área de trabalho, o conhecimento de todas essas ferramentas possibilita um trabalho racional e validado pelo meio acadêmico.

Todas as ciências podem ser aplicadas para fundamentar teoricamente o projeto e propiciar a correlação entre a teoria e a prática na apresentação do relatório. Muitos projetos não alcançam um bom resultado porque são desenvolvidos ao acaso, sem planejamento e sem estabelecer conexão entre as ciências aprendidas e o observado.

Ao elaborar um projeto, o aluno tem de levar em conta as seguintes questões: o que eu quero fazer? Por quê? Para quê? Quando? Onde? Como?

No estágio supervisionado dos cursos de Turismo, a finalidade do projeto é preparar o aluno para direcionar sua observação e ação, tornando-o capaz de tomar decisões em situações-problema, aprendendo a observar sistematicamente a realidade, a registrar de forma organizada os dados coletados e a elaborar um relatório real e com credibilidade que acrescente conhecimento. Essa atividade permite o exercício da criatividade e da criticidade. Além disso, pode ser uma oportunidade para que o acadêmico mostre seu potencial e dê sugestões para melhorar o desempenho da empresa na qual está estagiando.

Existe quem ouse chegar aos lugares almejados; há, entretanto, os que se lamentam e atribuem aos outros a culpa por seu fracasso.

2.2 Elaboração do projeto

Todo modelo é flexível e se ajusta às necessidades do estagiário, da empresa ou da instituição em que se estuda, mas, ao seguir um roteiro, o acadêmico já poderá ter uma visão do que pretende e como deverá fazê-lo, evitando atropelos de última hora.

A partir do momento em que o aluno adentra o local de estágio, deverá organizar um portfólio, ou diário de campo, que se constitui em uma pasta em que se fazem anotações diárias a serem utilizadas no relatório final. Esse material é fundamental para que o trabalho final retrate a realidade. Caso contrário, o relatório será pobre de informações e, no caso do aluno, a aprendizagem será fragmentada, uma vez que não é possível guardar apenas na memória tudo o que foi aprendido. Quando o estagiário não organiza o material desde o início, o relatório acaba sendo um calhamaço de anexos, e não um relato crítico.

O projeto de estágio começa com a escolha do tema (que é o primeiro item a ser redigido na apresentação do projeto, cujo modelo se encontra no Apêndice ao final deste manual), porém antes é necessário que haja delimitação da área a ser estudada.

A área que servirá para estudo deve ser procurada com base no funcionamento da organização em que o estágio irá ocorrer e nas disciplinas específicas do curso. Muitas vezes a área é determinada por quem dá oportunidade de estágio. Nesse caso, o acadêmico deverá procurar nela um tema relevante para seu conhecimento.

2.2.1 Tema

Como já foi citado, a escolha do tema é conseqüência da delimitação da área de estudo. Baseia-se nas informações adquiridas pelo aluno durante as aulas teóricas e na observação da realidade que o cerca. Isso permite vislumbrar expectativas, seja pela solicitação da empresa na qual está estagiando, seja por sugestão do professor/orientador.

O tema é o assunto que será trabalhado. Deve ser bem delimitado para que a pesquisa se torne possível e o resultado possa ser aplicado.

Analisam-se, ainda, o tempo do estágio (para que se elabore um plano real), o acesso ao material e suas fontes de pesquisa, a viabilidade de realização do que se pretende, o gosto pelo tema escolhido e as tarefas nele implícitas.

O tema deve ser delimitado considerando-se: segmentos da população, finalidades, tempo, espaço etc., de acordo com os objetivos que se pretende atingir. Um tema muito amplo não permite um trabalho aprofundado, mas apenas um apanhado de idéias, em geral compiladas a partir de livros.

Uma vez definido o tema, deve-se justificar sua escolha de maneira clara e usando-se argumentos convincentes.

2.2.2 Problema

Em pesquisa, a idéia de problema difere do sentido de senso comum da palavra. Na pesquisa, o problema é uma pergunta que o pesquisador quer ver respondida ao longo de sua trajetória de investigação.

Na elaboração do problema, o estagiário vai depender da liberdade que lhe é dada pela empresa, das condições da pesquisa ou da solicitação da organização em que estará estagiando. Para definir o problema, é necessário saber exatamente o que se pretende pesquisar; é preciso verificar ainda se já existe algum estudo relacionado com a pesquisa a ser realizada. Não havendo estudos semelhantes, é necessário formular o problema com base na própria experiência.

O aluno poderá formular um ou mais problemas, dependendo do tema escolhido e da necessidade de complementaridade um do outro.

2.2.3 Justificativa

A justificativa constitui-se por uma redação na qual o aluno apresenta os argumentos que convencerão os outros sobre a relevância de sua pesquisa. Em princípio, o aluno deve avaliar a importância do tema para complementação de sua formação teórica e o interesse social do que pretende. Por exemplo: o turismo é uma atividade intermediada por "agências de lazer" e, no Brasil, ainda há um vasto campo a ser explorado.

O mundo do homem moderno é o mundo do trabalho, do consumo cada vez maior, da falta de tempo para pequenas atitudes que possibilitem o relaxamento, mesmo que seja por meio de uma conversa sem pressa. As pesquisas médicas apontam que o número de infartos de acidentes vasculares cerebrais tem aumentado, assim como o alcoolismo, a depressão, os acidentes, a intolerância, enfim, o estresse e suas conseqüências.

Em princípio, o estresse faz parte de um corpo saudável e harmônico, capaz de responder adequadamente aos estímulos externos, havendo desequilíbrio e equilíbrio constantes. Porém, quando isso não acontece mais, configura-se como doença.

Quanto mais alto o cargo de uma pessoa e a pressão que ela recebe, seja no trabalho, no trânsito, no medo de agressão de qualquer tipo, mais se agrava esse quadro. Por isso, o lazer é o contraponto para que as pessoas amenizem esse tenso quadro da sociedade contemporânea.

No Brasil, principalmente nas grandes cidades, as pessoas aproveitam os feriados para tentar fugir do estresse e acabam permanecendo horas e horas paradas nas estradas, correndo risco de acidentes, enfrentando uma superexploração econômica e retornando depois do período de "lazer" mais esgotadas do que antes.

Esse quadro reflete-se no trabalho, desencadeando erros, faltas, doenças, conflitos etc. Assim, justifica-se a importância de uma investigação que detecte as necessidades das pessoas quanto ao lazer, para que se possa explorar esse nicho profissional – o lazer orientado.

2.2.4 Objetivos

Os objetivos determinam o que se projeta fazer ou o que se pretende com a pesquisa. Eles devem ser determinados considerando-se a viabilidade de atingi-los.

Os objetivos estão diretamente relacionados ao tema e ao problema levantados. Dividem-se em gerais e específicos.

A definição dos objetivos será fundamental na estruturação do relatório, pois o acadêmico pode fazer o relato em função dos objetivos pretendidos e mostrando as dificuldades que teve para alcançá-los.

Gerais

São amplos e só poderão ser alcançados no final do estágio. Se o aluno quer propor estratégias, lançar idéias, reformular formas de atendimento, só poderá fazê-lo depois de conhecer bem o assunto estudado. Após obter as informações necessárias, poderá redigir o objetivo geral de seu trabalho.

Específicos

Correspondem às etapas de observação ou execução, que darão suporte para que o objetivo geral seja alcançado. Por exemplo, se o acadêmico pretende sugerir estratégias para estimular o turismo interno, então primeiro deverá identificar o perfil do usuário, suas expectativas e o que a empresa pode oferecer de diferencial.

2.2.5 Pressupostos teóricos

Como citamos anteriormente, toda prática está associada a uma teoria, e mesmo quem a aplica deve dar-se conta desse fato. Durante a freqüência na faculdade, o aluno estuda inúmeros conteúdos nas disciplinas e nem sempre sabe relacioná-los, embora tenha de levar em consideração que eles ainda são apresentados de forma fragmentada. O estágio supervisionado é uma oportunidade para que o aluno perceba essa inter-relação.

Os pressupostos teóricos são designados por muitos autores como fundamentação teórica. Trata-se de um texto preliminar em que o estagiário fundamenta suas idéias usando teorias já conhecidas sobre o assunto. Esse texto é composto de redação própria do aluno, com citações e/ou paráfrases.

Citação é a cópia literal daquilo que o autor escreveu, devendo ser seguida (ou antecedida) pelo sobrenome do autor, ano e página. Copiar sem citar a fonte, além de ser antiético, é crime. Constando de até três linhas, as citações podem vir inseridas no próprio texto, entre aspas.

Exemplo:

"Marcando um momento significativo para o turismo, o século XIX precisa ser observado com mais vagar. Considerado, sempre, como o século da criatividade e do cientificismo (...)" (Pires, 2001: 4). O símbolo (...) significa que o parágrafo na obra consultada continuava, mas quem está fazendo o trabalho precisava citar apenas esse trecho. Em outras palavras, pode-se afirmar que o símbolo (...) significa omissão de algum trecho, podendo aparecer no início, no fim ou no meio do texto.

Quando excederem três linhas, devem ser deslocadas do texto e escritas sem aspas. É o varal, e entre ele e o texto deve-se deixar um espaço maior; o mesmo ocorre depois do varal e antes do trecho a seguir. O varal deve ser deslocado para a direita, a 4 cm da margem esquerda. Exemplo:

> É interessante salientar que nas novas modalidades do turismo global buscam-se áreas exóticas (...) de preferência autenticamente naturais, para aí produzir-se o lugar comum no qual o turista se sente seguro em casa. São expressos pelos chamados *resorts*, modelos de alojamentos produzidos pelo turismo global (...) (Rodrigues, 1999, p. 30-1).

As citações fundamentam aquilo que se está escrevendo, mas não podem ser maiores que a redação do próprio acadêmico.

A *paráfrase* tem a mesma finalidade da citação, mas não é cópia literal. O aluno escreve com suas palavras o texto original do autor. Na paráfrase não há necessidade de indicar a página, mas apenas o ano de publicação da obra. Exemplo: De acordo com Pires (1999), os *resorts* são expressão de não-lugares, ou seja, o indivíduo quer se sentir seguro como se estivesse entre familiares, mas em um local desterritorializado. Segundo ele, os *resorts* não têm identidade, sendo iguais em qualquer país do mundo, variando de acordo apenas com a competitividade do mercado. Por isso trata-se de um lugar global, ou de um não-lugar.

Ao elaborar os pressupostos teóricos que fundamentarão a pesquisa, o aluno deve lembrar-se de que o "achismo" e as opiniões de senso comum devem ser substituídos por resultados de pesquisas, de conhecimentos já sistematizados; daí a necessidade de embasar-se em autores de reconhecida competência ao selecionar a bibliografia.

Para que os pressupostos teóricos não sejam uma colcha de retalhos, o aluno deve fazer uma seleção prévia da bibliografia e documentar de forma sistemática, como aprendeu em Metodologia Científica, solicitando também a orientação de professores da área em que estará trabalhando. Nessa etapa, os fichamentos, embora rejeitados pelos alunos, ajudam muito.

2.2.6 Hipóteses

De acordo com o *Dicionário Eletrônico Aurélio – Século XXI* (2001), a hipótese é uma "(...) suposição que orienta uma investigação e que vale, quer pela confirmação dessas características, quer pelo encontro de novos caminhos de investigação".

A cada pergunta corresponde uma resposta provável e temporária que o estagiário (pesquisador) procurará verificar para comprová-la ou rejeitá-la. Em geral, as hipóteses são corroboradas, porque partem da observação da realidade, pressupondo algo que parece verdade e será verificado.

Não tem sentido alguém levantar uma hipótese que em princípio já parece rejeitada. Seria desperdício de tempo e dinheiro, além de desestimular aquele que realiza a pesquisa.

Para cada problema elaborado corresponde uma hipótese, a qual, quando comprovada, será transformada em tese.

Há várias maneiras de elaborar hipóteses, mas para aquele que se inicia em pesquisa a relação mais comum é a de causa e efeito, isto é, um fator A determina um resultado B. (No modelo existente no Apêndice isso ficará mais claro.)

2.2.7 Variáveis

Variáveis são os elementos que compõem as hipóteses e devem ser verificados. As variáveis dependem das hipóteses apresentadas. Uma vez que sugerimos, para a iniciação na atividade de observação e pesquisa, apenas a relação de causa e efeito, estamos trabalhando com duas variáveis em cada hipótese. Exemplo: Se as empresas de turismo no Brasil oferecessem viagens a preços acessíveis, isso estimularia o crescimento do turismo interno.

No exemplo acima, as variáveis são: preços e estímulo ao turismo brasileiro.

As variáveis podem ser categóricas (ou qualitativas) ou quantitativas. Nas primeiras, os dados são classificados em categorias (sexo, cor, estado civil, profissão); nas segundas, as variáveis são expressas por meio de valores numéricos (estatura, peso, idade, salário). Nesse caso, a aplicação da Estatística é fundamental.

Os dados podem ser distribuídos segundo uma variável discreta ou contínua. Para um conjunto de valores distintos, utiliza-se a variável discreta (número de funcionários, de alunos, de filhos), enquanto para valores compreendidos em intervalos utilizam-se as variáveis contínuas.

2.2.8 Procedimentos metodológicos

Procedimentos são ações desenvolvidas para atingir algum fim. Isso é facilmente observado no trabalho em que são utilizados procedimentos técnicos. No estágio, os procedimentos metodológicos são caminhos, técnicas, instrumentos e o tipo de pesquisa realizado, ou seja, correspondem à forma como os dados serão coletados e trabalhados.

Método de pesquisa

Método é o caminho utilizado para a realização da pesquisa. Existem vários métodos, e precisamos rever alguns deles, por meio da Metodologia Científica. Podemos citar: o dedutivo, o indutivo e o estudo de caso. O método dedutivo parte de teorias já consagradas para analisar um fenômeno particular, por isso é o mais utilizado no estágio. O indutivo exige a aplicação do mesmo procedimento em inúmeros fenômenos com as mesmas características, o que inviabiliza o seu uso. Quanto ao estudo de caso, ele é perfeitamente aplicável, principalmente em empresas de pequeno porte. Nesse ponto, o aluno deve descrever o objeto do seu trabalho e os passos que serão seguidos. Deve fazê-lo de maneira clara para que outros pesquisadores atribuam credibilidade aos resultados apresentados.

Técnicas

As técnicas correspondem à forma como os dados serão coletados, ou como serão obtidos os dados necessários.

Enquanto o método é uma forma de olhar o fenômeno, a técnica é o instrumento utilizado para coletar dados da investigação. Podemos usar a análise de questionários, documentos, entrevistas etc. Devemos ter muito cuidado com as fontes utilizadas para que não haja subjetividade no resultado. É preciso lembrar que a observação sistemática participante é imprescindível em qualquer estágio.

Recursos

Os recursos referem-se a tudo o que é utilizado na pesquisa e estão diretamente relacionados à técnica, como documentos, bibliografia, entrevistas, questionários, anotações no diário de campo, portfólio etc.

Não se deve esquecer de descrever no portfólio, conforme o estágio se desenvolve, como foram utilizados os recursos e qual a sua finalidade.

2.3 Amostra

Toda pesquisa é feita a partir de um universo, de uma totalidade. Na prática, isso é impossível na maioria dos casos, o que nos leva a fazer a exploração com base em uma amostragem estatisticamente determinada, dependendo do universo que será pesquisado.

Para definir a amostra, é necessário ter claro o universo (totalidade), rever as variáveis e precisar alguns aspectos que a caracterizem, de modo que seja representativa do universo (pessoas, formas de lazer, profissionais etc.).

2.4 Coleta de dados

Há várias maneiras de se coletar dados para uma pesquisa, e cada uma delas se presta a um fim, dependendo dos objetivos. Para a utilização de um ou de outro instrumento, é necessário ter domínio sobre ele para não haver o risco de distorções nos resultados ou interferência da opinião do pesquisador, o que consistiria um viés.

No estágio, além da observação sistemática, uma das ferramentas mais comuns é o questionário; apesar de a presença do pesquisador não ser obrigatória, ele deverá estar atento e cuidadoso para que a maioria dos respondentes o devolva; caso contrário, a amostragem poder ser insuficiente. Além disso, a operacionalização dos resultados é mais fácil.

Em razão dessa facilidade de operacionalização, sugere-se que o estudante utilize o questionário, uma vez que ele se inicia em pesquisa.

O questionário deverá ser aplicado e analisado pelo estagiário de forma quantitativa, utilizando a Estatística, e qualitativa, usando as diversas noções de análise aprendidas durante o curso.

Finalmente, da análise e interpretação dos dados coletados e do tratamento estatístico adotado, o pesquisador vai tirar as conclusões relacionadas com o problema em estudo. Desse trabalho podem advir sugestões para uma nova orientação a ser desenvolvida no ramo de atividade.

2.5 Cronograma

Para alcançar uma determinada meta, deve-se ter por base um cronograma, e essa é uma forma de demonstrar como o tempo disponível para o estágio será utilizado. Freqüentemente, a falta de planejamento leva muitos alunos a limitarem a possibilidade de demonstrar seu potencial e sua criatividade, porque acabam fazendo trabalhos apressados e incompletos.

O gráfico de Gantt permite a fácil visualização das atividades planejadas, como se pode ver no modelo apresentado no Apêndice. Observamos, porém, que o cronograma deve ser seguido, pois não é meramente ilustrativo.

2.6 Bibliografia e/ou referências

A apresentação da bibliografia utilizada dependerá da orientação de cada instituição. As duas formas são válidas, mas significam coisas distintas.

Quando o aluno opta pela bibliografia, deverá apresentá-la de acordo com as normas da Associação Brasileira de Normas Técnicas – ABNT, NBR 6023/ago/2002, mais recente atualização para bibliografia e referência, abrangendo todos os materiais utilizados, incluindo páginas de Internet.

As referências dizem respeito apenas às fontes citadas no trabalho, mas devem seguir as mesmas normas utilizadas na bibliografia.

Capítulo 3

Como Redigir e Apresentar o Projeto

De nada adiantam boas idéias se a apresentação do projeto for sofrível. Há alunos que argumentam ser válido o conteúdo e não a apresentação, mas estão enganados, pois ambos fazem a diferença: um representa o produto e o outro, a embalagem.

Em outras palavras: todo o preparo contido nos itens do Capítulo 2, que têm o suporte da metodologia científica, todo o material coletado que aos poucos foi-se acumulando no diário de campo e no portfólio é o produto. Simbolicamente, a embalagem é a apresentação do projeto, que aqui significa a finalização de uma parte do estágio.

Em um segundo momento, esse projeto será aplicado e o resultado será apresentado em relatório, dissertação ou até mesmo em monografia, de acordo com o interesse e a capacidade do autor.

No Apêndice há um modelo para orientar o estudante na elaboração e na apresentação do projeto. No Capítulo 5, o acadêmico encontrará suporte para a apresentação do relatório, a finalização do estágio. Essa parte muito depende da vontade de aprender e, o que é mais importante, demonstra o aproveitamento e a competência do aluno para relatar toda a trajetória do estágio.

Em resumo: preparar o projeto de estágio tem o mesmo significado, talvez, de preparar, no dia-a-dia, uma viagem, um evento, uma festividade. Deve haver a coleta de informações, o planejamento e tudo o mais necessário para o sucesso do acontecimento. É preciso planejar, anotar, registrar o que será feito para que se possa obter um bom resultado.

Conforme o evento, é necessário que, após seu encerramento, seja feito um relatório do que ocorreu, para divulgação ou para o conhe-cimento de interessados e patrocinadores.

Assim, uma vez que o projeto deve ser um guia, torna-se importante conhecer os passos para sua apresentação.

3.1 Orientações gerais

O projeto deve ser digitado em folha de papel no formato A4, branca, em apenas um lado, e impresso em tinta preta. As margens devem ser: esquerda e superior – 3,0 cm; direita e inferior – 2,0 cm. O espaço entre as linhas deve ser duplo. Essas regras valem para o trabalho todo, desde a capa.

Os títulos devem ficar centralizados, em negrito, e com todas as letras maiúsculas; os subtítulos são colocados no parágrafo, em negrito, e somente a primeira letra é maiúscula.

Os projetos, depois de aprovados, devem ser encadernados com espiral e capa cristal transparente na frente, possibilitando a visualização dos dados da capa.

3.2 Capa

Dependendo da instituição, o modelo pode ser diferente; portanto, é necessário que o aluno esteja atento às orientações dadas. No entanto, é preciso lembrar que a ABNT regulamenta as normas para a apresentação de trabalhos. O acadêmico deve considerar a apresentação a seguir como modelo.

Modelo 1

NOME DO AUTOR

A VALORIZAÇÃO DO TURISMO PELOS
EXECUTIVOS NA SOCIEDADE PÓS-INDUSTRIAL

ANO

Modelo 2

UNIVERSIDADE MODELAR UM
CURSO: TURISMO

A VALORIZAÇÃO DO TURISMO PELOS
EXECUTIVOS NA SOCIEDADE PÓS-INDUSTRIAL

NOME DO AUTOR

ANO

3.3 Folha de rosto

Folha de rosto, página de rosto ou capa de rosto são diferentes denominações para o mesmo elemento.

A folha de rosto tem por finalidade dar algumas informações sobre o porquê da realização do trabalho e quem o orientou. Sua formatação parte do mesmo modelo da capa.

Os dizeres que vão no retângulo imaginário, localizado do centro para a direita da folha, têm a fonte menor que a das demais letras, ou seja, se estamos utilizando corpo 12, usaremos então tamanho 10. Observe-se ainda que apenas a primeira letra é maiúscula.

Nas páginas seguintes, apresentamos os modelos 3 e 4 da folha de rosto elaborados a partir dos modelos de capa 1 e 2.

Nos trabalhos acadêmicos apresentados para bancas examinadoras, aparece também a folha de avaliação.

Para o Estágio Curricular Supervisionado, primeiramente, o projeto deve ser aprovado pelo professor que o orientou, para depois ter prosseguimento a elaboração do relatório.

A folha de rosto destinada à avaliação apresenta-se após o modelo 3 ou 4, no relatório, isto é, ao término do estágio.

Se na escola for determinada uma banca examinadora, os professores componentes registram seu parecer relativo à finalização das atividades dessa disciplina e à nota correspondente. Se não houver banca, o professor designado para essa função preencherá a folha com os dados solicitados.

Modelo 3

NOME DO AUTOR

A VALORIZAÇÃO DO TURISMO PELOS
EXECUTIVOS NA SOCIEDADE PÓS-INDUSTRIAL

Projeto de estágio elaborado
como trabalho parcial para
conclusão da disciplina Estágio
Curricular Supervisionado.
Orientação — Prof. ...

ANO

Modelo 4

UNIVERSIDADE MODELAR UM
CURSO: TURISMO

A VALORIZAÇÃO DO TURISMO PELOS
EXECUTIVOS NA SOCIEDADE PÓS-INDUSTRIAL

NOME DO AUTOR

Projeto de estágio elaborado como trabalho parcial para conclusão da disciplina Estágio Curricular Supervisionado. Orientação — Prof. ...

ANO

3.4 Sumário

Trata-se da seqüência dos itens apresentados no projeto, indicando desde a introdução até a bibliografia. É o último elemento a ser digitado, para que se tenha certeza da paginação correta.

Modelo 5

SUMÁRIO

```
1. Introdução..........................................................  1
   1.1 Histórico da empresa....................................  2
   1.2 Tema.........................................................  5
   1.3 Problema.....................................................  5
   1.4 Justificativa................................................  6
2. Objetivos...........................................................  8
   2.1 Gerais........................................................  8
   2.2. Específicos.................................................  9
3. Pressupostos Teóricos..........................................10
4. Hipóteses...........................................................19
5. Variáveis...........................................................19
6. Procedimentos metodológicos.................................20
   6.1 Métodos......................................................20
   6.2 Técnicas.....................................................21
   6.3 Recursos.....................................................21
7. Amostra............................................................22
8. Coleta de dados.................................................23
9. Cronograma.......................................................24
10. Bibliografia......................................................25
```

Ao numerar o sumário ou apresentar numeração em qualquer outra parte do trabalho, não se usa o zero antes dos numerais, como 01, 02, 03 etc.

No corpo da apresentação do projeto, a numeração é colocada no canto superior direito, a partir da introdução, mas nessa página não é necessário aparecer o número, o mesmo ocorrendo toda vez que se inicia uma nova parte. Em outras palavras, toda vez que abrimos uma página com um título novo, a numeração é contínua, mas não aparece na primeira folha.

A seqüência da apresentação do projeto é a mesma do sumário ou das explicações expostas no capítulo anterior.

3.5 Estrutura de apresentação do projeto

1. Introdução

    1.1 Histórico da empresa

    1.2 Tema

    1.3 Problema

    1.4 Justificativa

2. Objetivos

    2.1 Gerais

    2.2 Específicos

3. Pressupostos teóricos

4. Hipóteses

5. Variáveis

6. Procedimentos metodológicos

    6.1 Métodos

    6.2 Técnicas

    6.3 Recursos

7. Amostra

8. Coleta de dados

9. Cronograma

10. Bibliografia

Um detalhe importante: ao escrever o histórico da instituição, o aluno não deve simplesmente transcrever as informações que lhe foram concedidas ou que estão disponíveis nas diferentes mídias. Deve escrevê-lo considerando ser um aprendiz, que ainda não faz parte da organização e deve evitar elogios exagerados. Exemplo: *Nossa empresa é a marca reconhecida no que se refere aos recursos humanos e ao atendimento especial ao cliente.*

Se no decorrer do estágio esses dados forem constatados, então podem ser colocados no relatório.

Apêndices, anexos, organogramas e figuras devem ser preservados para o relatório final. Por esse motivo, desde o início o aluno deve organizar seu portfólio para que seu relatório seja o mais completo possível.

3.6 Normas para datar – NBR 5892/ago/1989

Milênio – indica-se ordinalmente.

Século – indica-se cardinalmente, com algarismos romanos. Exemplos:

Primeiro milênio depois da era cristã: I milênio d.C.
Século vinte e um: século XXI

Ano – indica-se por extenso ou com algarismos arábicos.

Mês – indica-se por extenso ou com algarismos arábicos abreviados pelas três primeiras letras (exceto maio). Exemplo:

12.11.2001 ou 12 de novembro de 2001: 12 nov. 2001.

Data – dias são sempre indicados por dois dígitos e os anos, por quatro.

Dia – indica-se por extenso ou com algarismos arábicos, ou abreviados. Exemplo: sábado; dom.; 2ª feira.

Horário – indicado de 0 a 23h e, se necessário, seguido dos minutos. Exemplo: 13h21min34s.

3.7 Abreviaturas – NBR 10522/1988

Há inúmeras abreviações que podem ser utilizadas nos trabalhos científicos/acadêmicos.

Arrolamos, a seguir, apenas uma pequena parte, mas cabe ao aluno procurar sempre verificar como se abrevia, ou qual o significado do que se encontra abreviado. Para tanto, pode recorrer a uma boa gramática ou dicionário.

a.C. – antes de Cristo

a.D. – anno Domini

ap., apud – segundo, junto a (para citações e indicações)

art. – artigo

cf. – confira

Cia. – companhia

cm – centímetro

coord. – coordenação

d.C. – depois de Cristo

dez. – dezembro

e. – exemplar

ed. – edição

etc. – *et cetera*

ex. – exemplo

f. rosto – folha de rosto

fac-sim – fac-similar

i.e. – isto é

ibid. – ibidem

id. – idem

il. – ilustração

loc. cit. – lugar citado

min. – minuto

N. Ed. – Nota do Editor

N. Red. – Nota do Redator

N. Trad. – Nota do Tradutor

n., n° – número

N.A. – Nota do Autor

N.B. – Note Bem

op. cit. – obra citada

org. – organizador

p. – página

pp. – páginas

passim – idéia citada aqui e acolá

s.d. – sem data

sic – assim mesmo (para assinalar erros ou afirmações inusitadas do original)

supra – acima, em linhas ou páginas anteriores

v., vol., vols. – volume(s)

v.o. – ver o texto original

3.8 Lembretes

Ao redigir o projeto, o aluno deve ter sempre à mão recursos como dicionários e publicações sobre gramática. É preciso que a linguagem seja correta. Ele deve escrever para se expressar, e não para impressionar. Um bom dicionário o ajudará a ampliar o vocabulário e a evitar repetição de termos.

O projeto será seu guia durante o período em que realizar o estágio e, portanto, quanto mais completo, melhor poderá ser aplicado. Um bom relatório para finalizar o estágio somente poderá advir de um projeto igualmente bom.

Capítulo 4

Estatística

4.1 Introdução

A utilização da estatística em uma pesquisa tem como propósito a obtenção de dados de uma população ou amostras cuja organização e análise apresentem como resultado conclusões e predições de características bem-definidas desses conjuntos.

A população pode ser finita ou infinita, e as amostras dela retiradas podem ser feitas com ou sem reposição. Os elementos que constituem as amostras devem ser selecionados aleatoriamente, mediante um processo previamente estabelecido. Para a seleção ao acaso dos elementos que compõem a amostra, utilizam-se tabelas de números aleatórios (geradas por um *software* como o Microsoft Excel®, por meio da função "Aleatório", ou com uma calculadora programada para a geração de números randômicos – "Ran #"). Com esse processo, os elementos da população têm a mesma probabilidade de ser selecionados.

A estatística descritiva tem como objetivo mostrar e explicar os dados observados de uma população ou amostra, enquanto a inferência estatística tem como propósito inferir (deduzir pelo raciocínio) e generalizar conclusões sobre as características observadas.

As fases principais do método estatístico se resumem na definição do problema, planejamento, coleta, apuração, apresentação, análise e interpretação dos dados.

Para definir o problema, é necessário saber exatamente o que se pretende pesquisar e verificar se já existe algum estudo relacionado à pesquisa a ser realizada. Não havendo estudos semelhantes, deve-se formular o problema com base na própria experiência.

Quanto ao planejamento, é necessário determinar quais os procedimentos para se obter as informações sobre a pesquisa a ser realizada, como colher os dados e qual o tipo de abordagem.

No que se refere à coleta de dados, é a fase de sistematização da forma como serão obtidos. Pode ser diretamente da fonte ou indiretamente, a partir de informações relacionadas com a pesquisa que está sendo realizada.

A apuração dos dados consiste em sua contagem e nos agrupamentos que, resumidos, possibilitam uma distribuição mais objetiva das características levantadas.

A apresentação dos dados por meio de tabelas tem a vantagem de mostrar um resumo geral das informações obtidas, enquanto os gráficos, além de ilustrarem o trabalho, permitem uma visualização das variações dos dados.

Podem-se construir séries estatísticas e tabelas de distribuição de freqüência. As séries estatísticas mostram a variação dos atributos: tempo, local e categoria. A variação de um e a fixação dos outros dois classificam-nas em cronológicas, geográficas ou categóricas. Na série cronológica, varia o tempo e permanecem fixos o local e a categoria; na série geográfica, varia o local e permanecem fixos o tempo e a categoria; na série categórica, varia a categoria e permanecem fixos o tempo e o local. A distribuição de freqüências se caracteriza pela ordenação dos dados em classes e pela determinação do número de vezes que os dados são incluídos nos intervalos das classes.

Quanto às variáveis, podem ser categóricas (ou qualitativas) e quantitativas. Nas primeiras, os dados são classificados em categorias (sexo, cor, estado civil, profissão); nas segundas, as variáveis são expressas por meio de valores numéricos (estatura, peso, idade, salário).

Os dados podem ser distribuídos segundo uma variável discreta ou contínua. Para um conjunto de valores distintos, utiliza-se a variável discreta (número de funcionários, número de filhos), enquanto para valores compreendidos em intervalos utilizam-se as variáveis contínuas.

Para as tabelas de distribuição de freqüências, existem recomendações e fórmulas empíricas que permitem estimar o número aproximado de classes, nas quais os dados pesquisados podem ser distribuídos, e estabelecer a amplitude de classe correspondente, tomando por base a amplitude total dos dados.

Para a determinação do número de classes existem duas fórmulas usuais:

Critério da Raiz: $k = \sqrt{n}$ e Fórmula de Sturges: $k = 1 + \dfrac{\log n}{\log 2}$

onde k = número de classes e n = número de dados.

A amplitude total (A) é a diferença entre o maior e o menor valor dos dados.

A relação entre o número de classes (k), a amplitude total (A) e a amplitude de classe (c) é dada por: $c = \dfrac{A}{k}$

Para a representação gráfica, os tipos de gráficos mais utilizados são linhas, colunas, barras e setores que podem ser construídos com *softwares* (como o Microsoft Excel®), disponíveis na maior parte dos computadores, permitindo a ilustração dos trabalhos. A escolha de outros tipos de gráficos depende do interesse do pesquisador em destacar uma ou várias características do estudo realizado.

Quanto às medidas, as mais usuais são as de tendência central (média aritmética, mediana, moda, média geométrica, média harmônica, raiz média quadrática), importantes para mostrar o comportamento dos valores pesquisados em relação a um valor central.

Em geral a medida escolhida é a média aritmética, dada a facilidade de cálculo. Deve-se, no entanto, observar em sua determinação a existência de valores discrepantes (*outlier*) muito baixos ou muito altos e que exercem influência no valor da média aritmética.

Entre as medidas de dispersão ou de variabilidade, a mais utilizada é o desvio-padrão, que representa o afastamento das observações em relação à média aritmética. Se os valores forem próximos uns dos outros, resultam desvios-padrão menores do que para aqueles mais afastados.

Um recurso auxiliar que muitos autores oferecem aos estudiosos é a inclusão de CDs de estatística para o cálculo de medidas de posição, de dispersão, separatrizes (quartis, decis e percentis), além da representação de gráficos de informação (linhas, colunas, barras, setores e outros) e de gráficos de análise (histograma, polígono de freqüência, polígono de freqüência acumulada).

Nessa incursão pela Estatística, destaca-se a importância dessa disciplina nos cursos regulares para os diferentes métodos de pesquisa a serem adotados e para a condução dos trabalhos elaborados nos estágios.

Da análise e interpretação dos dados coletados e do tratamento estatístico escolhido, o pesquisador vai tirar as conclusões relacionadas ao problema em estudo. Desse trabalho podem advir sugestões para uma nova orientação a ser desenvolvida no ramo de atividade em que o aluno atuou como estagiário.

Os enfoques deste capítulo serão limitados ao âmbito da estatística descritiva, procurando mostrar as fases relacionadas com uma pesquisa, a definição das variáveis em estudo, sua representação gráfica e medidas usuais que facilitam a compreensão dos dados observados.

4.2 Aplicação

4.2.1 Em uma cidade do leste do Estado de São Paulo, constatou-se um grande número de empresas de porte médio cadastradas na prefeitura local. Com a finalidade de conhecer a importância do lazer para os profissionais dos diferentes departamentos dessas empresas (áreas financeira, comercial, administrativa e técnica), foi realizada uma pesquisa que permitiu identificar suas necessidades e preferências. Associada a essa indagação está a relevância do turismo na sociedade pós-industrial e sua influência na melhoria da qualidade de vida desses profissionais, considerando as pressões exercidas pelos papéis que desempenham na sociedade moderna.

4.2.2 Ao selecionar 10% das 80 empresas (população finita) instaladas no município, utilizando a função "Aleatório" do aplicativo Microsoft Excel®, obteve-se um conjunto de números com cinco algarismos, reproduzidos parcialmente na seguinte tabela:

64937 03355 95863 20790 65304 15630 64759
51135 98527 62586 09448 56301 57683 30277
94623 17472 ....

Associando a cada empresa um número de dois dígitos, de 01 a 80, percorre-se a tabela de números aleatórios em qualquer ordem ou sentido.

Separando na horizontal os números de dois em dois algarismos e descartando os números repetidos e maiores que 80, determinam-se, aleatoriamente, as oito amostras:

64|93|7 0|33|55| 95|86|3 2|07|90| 65|30|4 15630 64759
51135   98527   62586   09448   56301   57683 30277
94623   17472   ....

Empresas selecionadas:

64-70-33-55-32-07-65-30

4.2.3 Às empresas selecionadas foram enviados questionários com o propósito de conhecer, além do perfil e tipo de atividade dos profissionais, suas opiniões sobre necessidade e preferência de lazer.

4.2.4 Das características levantadas, selecionando a "jornada de trabalho horas/dia", obtiveram-se os seguintes dados brutos (ou dados não-organizados):

07, 12, 10, 09, 10, 08, 11, 08, 10, 12, 09, 08
11, 09, 08, 10, 08, 04, 09, 13, 08, 11, 12, 07, 10

A partir do *Rol* (dados organizados de modo crescente) abaixo

04, 07, 07, 08, 08, 08, 08, 08, 08, 09, 09, 09,
09, 10, 10, 10, 10, 10, 11, 11, 11, 12, 12, 12,13

calcula-se a medida de variabilidade denominada amplitude total:

A = 13 – 4 = 9 horas/dia.

Esse resultado significa que a diferença entre a jornada daqueles que disponibilizam o maior e o menor tempo para o trabalho é de 9 horas/dia.

4.2.5 A amplitude total, por utilizar apenas dois valores dessa amostra de horas trabalhadas, pouca informação poderá trazer ao pesquisador. Assim, propõe-se distribuir os valores em classes para melhor estudar as informações obtidas.

O *número de classes* (k) a ser adotado pode ser estimado pela fórmula empírica de Sturges:

$$k = 1 + \frac{\log n}{\log 2} = 1 + 3,32 \log n = 1 + 3,32 \log 25 \cong 5,6$$

Conhecendo a amplitude total A = 9 horas/dia e adotando o número de classes k = 5, determina-se a *amplitude de classe*:

$$c = \frac{A}{k} = \frac{9}{5} = 1,8 \text{ horas/dia.}$$

Para facilidade de cálculo, pode-se arredondar essa amplitude para 2 horas/dia.

Ao adotar k = 5 e c = 2 horas/dia, a amplitude total fica alterada para A = k x c = 5 x 2 = 10 horas/dia. A fixação desses valores implicará uma alteração dos limites (inferior, superior ou ambos) da tabela de distribuição de freqüências. As soluções para esse caso são: atribuir um valor menor para o limite inferior da tabela (3, por exemplo) ou um valor maior (14, por exemplo) para o limite superior; assumindo esse último, tem-se A = 14 – 4 = 10 horas/dia.

Os valores pesquisados correspondentes à jornada de horas trabalhadas ficam distribuídos em cinco classes, como segue:

c = 2

Classes	Jornada de trabalho (horas/dia)	Freqüências absolutas (f_j)
1	4 a 6	1
2	6 a 8	2
3	8 a 10	10
4	10 a 12	8
5	12 a 14	4
	Freqüência total (n)	25

Na tabela de distribuição de freqüências construída, representam-se as freqüências absolutas por **fj** e a freqüência total, que é igual à soma das freqüências absolutas, por **n**.

Um dado importante para a interpretação das informações pesquisadas são os pontos médios das classes (x_j), definidos por:

$$x_j = \frac{\text{soma dos limites das classes}}{2}$$

$$x_1 = \frac{4+6}{2} = 5; \quad x_2 = \frac{6+8}{2} = 7; \quad x_3 = \frac{8+10}{2} = 9;$$

$$x_4 = \frac{10+12}{2} = 11; \quad x_5 = \frac{12+14}{2} = 13$$

Com a determinação dos pontos médios das classes, complementa-se a tabela anterior:

$c = 2$

Classes	Jornada de trabalho (horas/dia)	Freqüências absolutas (f_j)	Pontos médios das classes (X_j)
1ª	4 a 6	1	5
2ª	6 a 8	2	7
3ª	8 a 10	10	9
4ª	10 a 12	8	11
5ª	12 a 14	4	13
n		25	

4.2.6 Com o propósito de desenvolver e mostrar a aplicação das medidas de tendência central e de variabilidade, será utilizada a tabela de distribuição de freqüências do item anterior.

A *Média Aritmética* de dados agrupados em classes é determinada pela fórmula:

$$\bar{x} = \frac{x_1 f_1 + x_2 f_2 + x_3 f_3 + \dots + x_k f_k}{n}$$

na qual

x_j = pontos médios de classe; f_j = freqüências absolutas de classe;

n = freqüência total; k = número de classes.

Para os dados pesquisados, tem-se:

$$\bar{x} = \frac{5 \times 1 + 7 \times 2 + 9 \times 10 + 11 \times 8 + 13 \times 4}{25} \cong 10 \text{ horas/dia}$$

Esse resultado significa que a jornada de trabalho média dos profissionais pesquisados é de aproximadamente 10 horas/dia.

Conhecendo o valor da média aritmética, pode-se determinar o *desvio-padrão*, uma das mais importantes medidas de dispersão (ou de variabilidade), utilizando a fórmula

$$s = \sqrt{\frac{\sum_{j=1}^{k}(x_j - \bar{x})^2 f_j}{n-1}} \quad \text{na qual}$$

x_j = pontos médios de classe; $\bar{x}$ = média aritmética;
f_j = freqüências absolutas; n = freqüência total

Para os dados pesquisados, tem-se:

$$s = \sqrt{\frac{(5-10)^2 \times 1 + (7-10)^2 \times 2 + (9-10)^2 \times 10 + (11-10)^2 \times 8 + (13-10)^2 \times 4}{25-1}}$$

$$s = \sqrt{\frac{97,00}{24}} \cong 2 \text{ horas/dia}$$

A representação gráfica dos desvios-padrão em relação à média aritmética

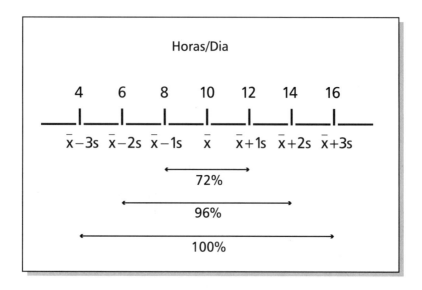

mostra que: o intervalo entre a média aritmética mais ou menos um desvio-padrão (de 8 horas/dia a 12 horas/dia) inclui 18 dos profissionais pesquisados ou 72%; no intervalo entre a média aritmética mais ou menos dois desvios-padrão (de 6 horas/dia a 14 horas/dia) estão incluídos 24 dos profissionais pesquisados ou 96%; o intervalo entre a média aritmética mais ou menos três desvios-padrão (de 4 horas/dia a 16 horas/dia), inclui a totalidade dos profissionais pesquisados ou 100%.

4.2.7 Os dados da tabela de distribuição de freqüências do item 4.2.5 podem ser representados graficamente por um *Histograma*, um *Polígono de Freqüências* ou um *Polígono de Freqüências Acumuladas*.

Histograma

Jornada de Trabalho dos Profissionais das Empresas Pesquisadas

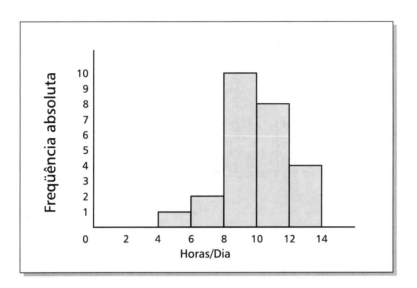

O Histograma mostra a distribuição em classes das horas/dia de atividade e a concentração de profissionais que apresentam mais ou menos tempo dedicado ao trabalho.

Polígono de Freqüências Acumuladas Crescentes

No Polígono de Freqüências Acumuladas, utilizam-se as freqüências acumuladas crescentes (ou decrescentes) no eixo de ordenadas.

A freqüência acumulada crescente de cada classe é igual à soma da freqüência absoluta da própria classe com as freqüências absolutas das classes anteriores:

$$f_{a,1} = 1 \;;\; f_{a,2} = 1 + 2 = 3 \;;\; f_{a,3} = 1 + 2 + 10 = 13;$$
$$f_{a,4} = 1 + 2 + 10 + 8 = 21 \;;\; f_{a,5} = 1 + 2 + 10 + 8 + 4 = 25$$

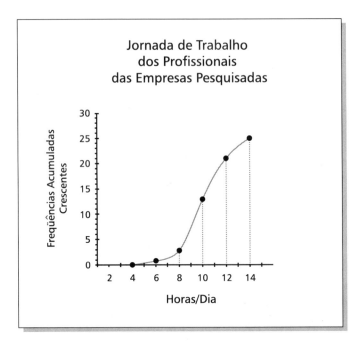

Dependendo do interesse, o estagiário pode calcular outras medidas de posição: a mediana, a moda, a média geométrica, a média harmônica e a raiz média quadrática, utilizando o formulário do item 4.3, que se inicia à página 55.

4.2.8 Para o levantamento de dados referentes à idade dos profissionais, pode-se utilizar o gráfico de Ramo-e-Folhas, de representação fácil e rápida, com informações detalhadas sobre distribuições de variáveis quantitativas. Organizam-se os números em ordem crescente e separa-se o primeiro algarismo (*Ramo*) por um traço vertical do segundo algarismo (*Folhas*). Obtém-se um gráfico com os valores de cada observação e as características de distribuição. Cada *Folha* representa a freqüência das idades em cada intervalo.

Selecionando os dados referentes à idade, expressa em anos, dos profissionais pesquisados, obtém-se:

25, 28, 28, 30, 33, 34, 35, 35, 36, 37, 37, 39,
42, 43, 44, 45, 45, 47, 47, 48, 49, 49, 50, 53, 54

Gráfico de Ramo-e-Folhas

(4 Folhas)

Ramo
2	5 8 8
3	0 3 4 5 5 6 7 7 9
4	2 3 4 5 5 7 7 8 9 9
5	0 3 4

Folhas

Idade (em anos)

4.2.9 Para os dados obtidos referentes a sexo, profissão, cargo ou função na empresa, formas de lazer e outras, o estagiário pode construir tabelas de séries estatísticas do tipo categórica ou especificativa.

Considerando os dados pesquisados em relação ao sexo, tem-se:

Sexo	N°	Porcentagem
Masculino	18	72%
Feminino	7	28%
Total	25	100%

Gráfico em Setores

Em relação à profissão:

Profissão	N°	Porcentagem
Administrador	8	32%
Contador	5	20%
Engenheiro	3	12%
Advogado	3	12%
Outros	6	24%
Total	25	100%

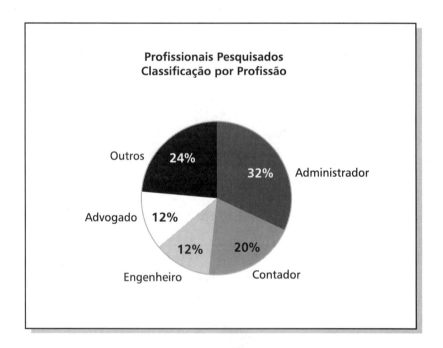

4.2.10 O propósito das sugestões apresentadas é oferecer aos estagiários os recursos da Estatística em suas pesquisas, para a obtenção de dados, sua organização, análise e representação gráfica, ilustrando e valorizando seus trabalhos.

4.3 Formulário

4.3.1 Média Aritmética

Dados agrupados em classes

$$\bar{x} = \frac{x_1f_1 + x_2f_2 + x_3f_3 + \dots + x_kf_k}{n} \quad \text{ou} \quad \bar{x} = \frac{\sum_{j=1}^{k} x_jf_j}{n}$$

onde:

x_j = pontos médios de classe

f_j = freqüências absolutas

n = freqüência total

4.3.2 Desvio-Padrão

Dados agrupados em classes

$$s = \sqrt{\frac{\sum_{j=1}^{k} (x_j - \bar{x})^2 f_j}{n}}$$

para cálculo do desvio-padrão corrigido,

substituir o denominador **n** por (n − 1).

4.3.3 Mediana

Dados agrupados em classes

$$m_d = l_{r,j} + \frac{\dfrac{n}{2} - (f_{a,j})_{ant}}{(f_j)_{m_d}} \cdot c$$

onde:

$l_{r,j}$ = limite real inferior da classe mediana

$(f_{a,j})_{ant}$ = freqüência acumulada crescente da classe imediatamente anterior à classe da mediana

$(f_j)_{md}$ = freqüência absoluta da classe da mediana

c = amplitude da classe da mediana

n = freqüência total

4.3.4 Moda

Dados agrupados em classes

$$m_o = l_{r,j} + \frac{\Delta_1}{\Delta_1 + \Delta_2} \cdot c$$

onde:

$l_{r,j}$ = limite real inferior da classe mediana

Δ_1 = freqüência absoluta da classe da moda – freqüência absoluta da classe imediatamente anterior

Δ_2 = freqüência absoluta da classe da moda – freqüência absoluta da classe imediatamente posterior

c = amplitude da classe da moda

4.3.5 Média Geométrica

Dados agrupados em classes

$$\log G = \frac{f_1 \log x_1 + f_2 \log x_2 + f_3 \log x_3 + ... + f_k \log x_k}{n} \xrightarrow{10^x} G$$

onde:

f_j = freqüências absolutas de classe

x_j = pontos médios de classe

n = freqüência total

k = número de classes

4.3.6 Média Harmônica

Dados agrupados em classes

$$H = \frac{n}{\dfrac{f_1}{x_1} + \dfrac{f_2}{x_2} + \dfrac{f_3}{x_3} + ... + \dfrac{f_k}{x_k}}$$

onde:

f_j = freqüências absolutas de classe

x_j = pontos médios de classe

n = freqüência total

k = número de classes

4.3.7 Desvio Médio

Dados agrupados em classes

$$DM = \frac{|x_1 - \bar{x}| \cdot f_1 + |x_2 - \bar{x}| \cdot f_2 + |x_3 - \bar{x}| \cdot f_3 + \ldots + |x_k - \bar{x}| \cdot f_k}{n}$$

onde:

$\bar{x}$ = média aritmética

x_j = pontos médios de classe

f_j = freqüências absolutas de classe

n = freqüência total

k = número de classes

4.3.8 Raiz Média Quadrática

Dados agrupados em classes

$$RMQ = \sqrt{\frac{x_1^2 \cdot f_1 + x_2^2 \cdot f_2 + x_3^2 \cdot f_3 + \ldots + x_k^2 \cdot f_k}{n}}$$

onde:

x_j = pontos médios de classe

f_j = freqüências absolutas de classe

n = freqüência total

k = número de classes

Existem outras medidas como as de dispersão relativa, assimetria e curtose que podem ser consultadas nas referências bibliográficas deste manual.

Capítulo 5

Apresentação Final do Estágio: o Relatório

5.1 Considerações preliminares

Algumas considerações devem ser feitas antes que o aluno proceda à elaboração do relatório, que não é uma simples cópia do projeto, mas o resultado da pesquisa nele prevista.

A coleta de dados, a documentação pessoal e os demais detalhes dessa primeira fase do Estágio Curricular Supervisionado terão como conseqüência um trabalho que mostrará o desempenho do aluno.

A partir dessa atividade, uma das mais independentes do currículo, pode-se prever se ele será um profissional competente. Na maior parte das atividades de turismo, essa autonomia é uma característica fundamental.

Para organizar e redigir seu projeto de estágio, certamente o aluno selecionou material com informações que concorrerão para que elabore seu relatório com sucesso.

Os Capítulos 2 e 3 deste manual mostram como elaborar esse projeto de modo a facilitar a execução de trabalhos, o que poderá também refletir em outras disciplinas ou em cursos que o estudante venha a freqüentar após o término de sua graduação.

Assim como foi para o projeto no Capítulo 2, estaremos agora tratando da parte teórica, isto é, dando os necessários esclarecimentos para a elaboração de um relatório.

No Apêndice, encontra-se um modelo simplificado de projeto.

> Importante: à medida que o aluno elabora o próprio projeto, ele poderá consultar o Apêndice, organizar sua documentação e já adiantar-se com rascunhos, redigindo detalhes para o relatório.

Em resumo: elabora-se um projeto; aplica-se, na prática, na empresa em que se concretizou o estágio; e dessa relação teoria/prática resulta o relatório, que, além de ser o comprovante da permanência do aluno em uma organização, é o resultado por escrito da teoria aplicada.

5.2 Importância da elaboração dos trabalhos de acordo com as normas existentes

O Estágio Curricular Supervisionado é um trabalho acadêmico e habituar o aluno a atender às normas existentes vai lhe proporcionar a elaboração de trabalhos com melhor organização.

A Associação Brasileira de Normas Técnicas – ABNT – é um órgão instituído em nosso país com a função de regulamentar a forma e o formato de publicações para que haja identidade entre elas. Como exemplo, citamos aqui uma pequena parte dessas normas, o que é interessante para o estudante que elabora um trabalho. Sobre as capas:

> [...] Os relatórios técnico-científicos devem ser apresentados no formato A4 (210 mm x 297 mm), conforme a NBR 5339. As capas do relatório devem ser resistentes o suficiente para proteger o conteúdo por tempo razoável.

Para todas as partes de um relatório há normas minuciosas que permitem ao leitor encontrar, em um trabalho científico ou em uma publicação, o que naquele momento lhe interessa.

A NBR 14724, de agosto de 2002, deve ser consultada, pois refere-se à apresentação de trabalhos acadêmicos e tem como objetivo especificar:

os príncipios gerais para trabalhos acadêmicos (teses, dissertações e outros) visando sua apresentação, à instituição (banca, comissão examinadora de professores, especialistas designados e/ou outros).

Esta norma aplica-se, no que couber, aos trabalhos intra e extraclasse da graduação.

5.3 Apresentação do relatório

O relatório é assim apresentado:

Elementos pré-textuais

São elementos que aparecem antes do desenvolvimento ou texto principal do trabalho. Alguns são obrigatórios e outros opcionais. Nesta fase, o acompanhamento do professor orientador é imprescindível. O aprendizado resultante desse trabalho servirá, futuramente, para a elaboração de muitos outros.

- Capa

- Lombada (opcional)

- Folha de rosto

- Errata (se necessário)

- Folha de aprovação

- Folha para dedicatória (opcional)

- Folha de agradecimentos (opcional)

- Folha para epígrafe (opcional)

- Resumo em língua vernácula e língua estrangeira

- Listas de: ilustrações; tabelas; abreviaturas e siglas; símbolos (opcional)

- Sumário

Elementos textuais

Nesta parte, o aluno/autor tem a oportunidade de mostrar a profundidade de sua atuação e da procura de elementos teóricos que comprovem criatividade, dedicação aos estudos e preparo para exercer sua futura profissão. Nela é registrado todo o trabalho realizado.

- **Introdução**
  Delimitação da área
  Tema
  Justificativa
  Procedimentos metodológicos
  Estrutura do trabalho

Os elementos textuais são colocados na Introdução de forma resumida, dependendo da orientação do professor.

- **Desenvolvimento**
  Resultado da aplicação do projeto em:
  – uma só parte
  – partes ou capítulos

- **Conclusão**

Elementos pós-textuais

Dos elementos pós-textuais, apenas as Referências são obrigatórias.

- Referências
- Glossário
- Apêndice(s)
- Anexo(s)
- Índice(s)

5.3.1 Capa

Modelo 1

NOME DO AUTOR

A VALORIZAÇÃO DO TURISMO PELOS
EXECUTIVOS NA SOCIEDADE PÓS-INDUSTRIAL

ANO

Modelo 2

UNIVERSIDADE MODELAR UM
CURSO: TURISMO

A VALORIZAÇÃO DO TURISMO PELOS
EXECUTIVOS NA SOCIEDADE PÓS-INDUSTRIAL

NOME DO AUTOR

ANO

O modelo 1 é o mais usado atualmente. Há instituições, entretanto, que preferem ter seu nome colocado na capa. Algumas solicitam encadernação com capa dura, a qual, certamente, fica mais apresentável; outras preferem o uso de espiral. O aluno deve informar-se quanto a esses detalhes.

Na capa do relatório insere-se o tema escolhido. É diferente das publicações destinadas à comercialização, como no caso dos livros. Neles deve aparecer um título que chame a atenção e apele para a curiosidade dos leitores. Muitas vezes o tema de monografia é reajustado, transformando-se em título atraente. As normas para publicação de livros, nesse caso, devem ser atendidas.

A localização do tema no relatório deve ser no meio da capa, mesmo que se coloque no alto ou abaixo dele o nome do autor. Veja, a esse respeito, os modelos 1 e 2.

A instituição pode oferecer outras instruções, atendendo a normas mais flexíveis com relação à capa, mas geralmente estas são as mais comuns.

Atenção para os detalhes:

- Localização do tema no centro da capa, com todas as letras maiúsculas.

- A localização do nome do autor depende da orientação da instituição mas, seja no alto da folha, seja sob o tema, é também escrito com letras maiúsculas.

- O numeral referente ao ano de publicação situa-se na parte inferior da capa; pode-se colocar à esquerda a localidade em que foi realizado o trabalho.

Essas instruções são as mais utilizadas em relatórios.

5.3.2 Lombada

É opcional e dificilmente exigida para trabalhos de graduação.

5.3.3 Folha de rosto

Modelo 3

NOME DO AUTOR

TEMA
(o mesmo do projeto)

ANO

Folha de rosto com o nome da instituição

Modelo 4

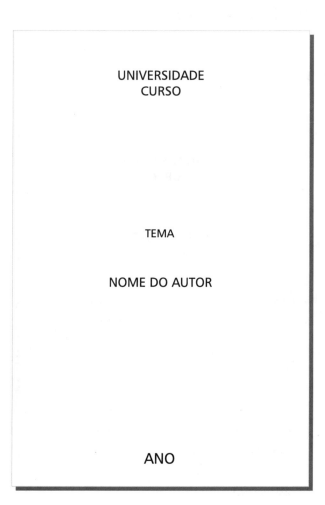

5.3.4 Errata

É opcional e somente aparece quando há necessidade de corrigir erros que foram percebidos depois de encadernado o trabalho. Apresenta-se em forma de encarte, colocado após a folha de rosto. Exemplo:

Errata

Folha	Linha	Onde se lê	Leia-se
34	3	acao	ação

5.3.5 Folha de aprovação

Modelo 5

UNIVERSIDADE
CURSO

RELATÓRIO DE ESTÁGIO
AVALIAÇÃO

Aluno .... RGM ....

Área .... Nº de Matrícula ....

Disciplina ....

Parecer ....

....

....

Nota ou conceito .... (.........)

Professor(es) ....

....

Assinatura(s) ....

....

ANO

Nas teses e monografias, o tema aparece na folha de rosto, na localização em que foi colocado na capa; o mesmo acontece com o nome do autor. Veja os modelos 3 e 4.

Nos relatórios ou monografias, pode haver uma folha de avaliação (ou folha de rosto com avaliação), na qual constam: nome do professor ou professores examinadores do conteúdo, seus pareceres e assinaturas. Veja o modelo 5.

Algumas instituições solicitam somente a folha de avaliação após a capa e, de acordo com Galliano (1996: 149), essa folha "(...) só deve constar das teses universitárias que passarão por um processo de avaliação".

A folha de rosto, em resumo, pode aparecer com as informações correspondentes à capa, e nela opcionalmente acrescentam-se os dados da avaliação. Nos relatórios ou monografias para conclusão de estágios, é interessante que constem esses registros, por ser do interesse do aluno conhecer o parecer do professor sobre seu trabalho.

Trabalhos selecionados podem ser arquivados na biblioteca das instituições para serem consultados por outros alunos, o que também os valoriza.

5.3.6 Dedicatória

Sua inserção no relatório é facultativa e ocorre se o autor assim desejar. Apresenta-se, normalmente, em monografias, teses e livros. Ocupa também uma folha e "pode ser romântica ou emocional, mas evite dedicar sua tese a um número exagerado de pessoas" (Vieira, 1996, p. 62).

5.3.7 Agradecimentos

Sua inserção é mais freqüente em monografias, teses, livros e outras publicações. Devem constar do relatório quando houver motivo justificável e quando não forem muito numerosos, evitando a ocorrência de falhas.

5.3.8 Resumo em língua vernácula e em língua estrangeira

Essa elaboração é de competência do autor. De acordo com a NBR 14724, esses resumos são obrigatórios.

5.3.9 Relação de tabelas, gráficos e listas

Sempre que, em um trabalho científico, as tabelas e os gráficos forem necessários, esclarecedores e facilitarem o entendimento de textos, essa relação aparece. Assim acontece, também, com as listas de ilustrações, de abreviaturas, siglas e símbolos.

A localização das listas, tabelas e gráficos existentes no texto deve ser indicada logo após o sumário ou fazer parte dele; é preciso citar o número das páginas em que se encontram. A orientação do professor é essencial.

5.3.10 Sumário

Resume-se à indicação dos assuntos, tendo como parâmetro a numeração das páginas. O sumário é colocado nas páginas iniciais do relatório, mas é o último a ser digitado. Constam dele todos os elementos do trabalho, desde a apresentação até os anexos.

Um detalhe importante: digitar os números correspondentes às páginas somente quando houver certeza de que o trabalho não mais necessita de revisão. Esse cuidado refere-se também à troca de títulos e itens, quando novas idéias aparecem no último momento e são consideradas mais sugestivas.

O sumário aparece em todas as publicações, inclusive neste manual. Sua localização é depois da folha de rosto, da dedicatória e dos agradecimentos, se houver.

Elementos textuais

5.3.11 Introdução

A introdução é uma parte fundamental do relatório. O significado desse vocábulo torna-se claro quando percebemos que seu objetivo em um relatório, monografia, livro ou em qualquer outro trabalho é apresentar ao leitor o assunto tratado. Quando bem elaborada, a introdução fará com que ele se interesse e leia o texto que se segue. Embora apareça no início do relatório, deve ser escrita após o término da redação do trabalho. Da introdução deve constar o motivo que levou o estagiário à escolha daquela área para o estudo e sua delimitação.

Há empresas grandes nas quais o aluno não consegue atingir a amplitude desejada, devido ao tempo determinado por lei para o estágio. Em pequenas organizações, como as microempresas, o estagiário pode ampliar sua atuação, conhecendo as diversas partes que as compõem.

O aluno que buscou com seus professores sugestões para se aprofundar em determinado assunto e visualizou esse conteúdo disciplinar na organização em que estagiou poderá descrever essas situações na introdução de seu relatório.

Itens constantes da elaboração do projeto podem fazer parte da introdução e, para que constem dela, devem não apenas ser copiados mas também revistos e melhorados, visto que são importantes para motivar o leitor.

Sendo um instrumento esclarecedor, e desde que o relatório é o resultado da aplicação do projeto, torna-se imprescindível retornar a alguns itens já apresentados no Capítulo 2, do item 2.2.1 ao 2.4 (veja a partir da página 17). Esses itens devem ser retrabalhados após a visão prática proporcionada pelo planejamento, o que certamente tornará mais fácil o entendimento do que vem depois da introdução: o desenvolvimento do trabalho, ou seja, o corpo do relatório ou da monografia.

Portanto, devem constar também da introdução referências a:

– Tema e problema

Após a delimitação da área (universo do trabalho), foi levantado o problema do qual resultou o tema. Esse trajeto deve ser narrado na introdução de forma resumida.

– Justificativa

Uma justificativa bem elaborada no projeto será resumida com clareza e objetividade na introdução do relatório. Esses detalhes demonstram o interesse pelo estágio realizado, pela empresa em que ele se desenvolveu e ainda pelo acerto do tema escolhido.

– Objetivos

Os objetivos que demarcaram o caminho percorrido são essenciais e devem ser relatados com bastante clareza. Eles foram a base para o andamento do projeto e, por esse motivo, devem constar dessa parte do relatório.

– Pressupostos teóricos

Nesse texto que antecedeu a prática apareceram as premissas que fundamentaram as idéias do aluno estagiário e que se encontram em teorias já reconhecidas. Assim, como nos demais itens constantes da introdução, o texto que contém os pressupostos teóricos deve ser narrado de maneira breve, esclarecendo os motivos que levaram o autor a utilizá-los.

– Hipóteses e variáveis

Se incluídas no projeto, estarão de forma abreviada na introdução.

– Procedimentos metodológicos

As ações que envolveram os procedimentos metodológicos – técnicas, instrumentos, pesquisa ou coleta de dados – são parte do projeto e podem constar da introdução.

A metodologia do trabalho é, no projeto, a representação mental do caminho a ser seguido para a concretização que se pretende realizar.

Na introdução evidencia-se o que foi alcançado com a aplicação das técnicas utilizadas para a coleta de dados. Para tanto, as orientações encontradas no Capítulo 2 complementam-se com a elaboração estatística dos dados coletados ao ser consultado o Capítulo 4.

Esses são detalhes que despertam o interesse do leitor e aqui aparecem de forma bastante resumida.

– Amostra e coleta de dados

É interessante uma referência, se bem que breve, a respeito desse item. Essa nota interessará ao leitor no que se refere aos dados estatísticos.

– Estrutura ou texto do trabalho

Todos os itens anteriormente citados constam do projeto. A estrutura é o texto do relatório, ou sua parte essencial, e é muito importante que esteja registrada na introdução. Essa indicação levará o leitor a saber como foi aplicado o projeto, fruto de todo o trabalho de planejamento do aluno.

Se essa estrutura for dividida em partes ou capítulos, deve-se explicar resumidamente o que consta em cada um deles; se o desenvolvimento do trabalho, como também é denominada a estrutura, compuser-se de apenas uma parte, é necessário indicar seu conteúdo.

Nos trabalhos científicos mais avançados, como os dos cursos de mestrado ou doutorado, os itens constantes da introdução não precisam apresentar-se separados, e os professores/orientadores dispensam esse detalhe. Entretanto, em nível de graduação, é interessante que se apresentem como indicado aqui para segurança do aluno que os redige.

5.3.12 Desenvolvimento do trabalho

Depois da introdução, segue-se o desenvolvimento do trabalho, e nessa redação o aluno pode expressar-se sobre o resultado observado e sobre a sua atuação na empresa em que estagiou. É a parte central do relatório, em que são registradas as atividades realizadas. Acompanha todos os passos do projeto. Como vimos anteriormente, pode ser dividido em capítulos, também chamados partes, ou ser elaborado em um só corpo; a divisão em partes ou capítulos, se o texto for extenso, facilitará a leitura.

É interessante que se inicie essa parte com o histórico da empresa.

Se o projeto for eficiente e bem aplicado, por certo haverá muito a ser descrito. O desenvolvimento é a parte do relatório que irá demonstrar o aproveitamento que o aluno obteve de seu estágio.

É importante que se inclua o tratamento estatístico, pois ele auxiliará no corpo do relato e será de grande ajuda nas conclusões.

> Embora a palavra, tanto escrita como oral, seja um dos mais eficazes instrumentos de comunicação, às vezes um outro recurso gráfico pode cumprir melhor sua função no trabalho científico. Este é o caso das tabelas e de certas ilustrações. De fato, a presença de materiais ilustrativos, como tabelas, gráficos, diagramas, mapas, desenhos, fotografias etc., promove a compreensão direta de certas informações que de outra maneira exigiriam grande número de palavras (Galliano, 1986, p. 145-146).

5.3.13 Considerações finais

As considerações finais precisam ser breves, claras e sempre ter como ponto de referência o tema escolhido. O que foi esclarecido na introdução pode ser retomado e deve atender ao desenvolvido no relatório, pois as considerações finais resumem o resultado dos fatos observados.

Apresentar um resultado significa rever o que já foi feito de maneira bem sucinta, ressaltando a validade do trabalho realizado.

Elementos pós-textuais

5.3.14 Bibliografia ou referências

Devem ser seguidas as normas da Associação Brasileira de Normas Técnicas – ABNT – NBR 6023/ago/2002 (data de atualização). Elas foram utilizadas neste manual.

Na bibliografia incluem-se todas as publicações que se refiram ao assunto tratado no relatório e que foram consultadas, mesmo que dele não façam parte.

Se a opção for por referências, devem ser inseridas apenas as publicações citadas no trabalho.

5.3.15 Glossário

O glossário tem como objetivo esclarecer palavras ou expressões regionais pouco usadas.

5.3.16 Apêndice(s). Anexo(s). Índice(s)

Apêndices são documentos elaborados pelo autor e completam o seu raciocínio e, se fossem incluídos no corpo do texto, interromperiam suas idéias, prejudicando a seqüência do relato.

Anexos são documentos que ilustram ou complementam o texto mas não são escritos pelo autor.

Esses dois instrumentos, que visam complementar o trabalho, devem ser colocados no relatório de tal modo que o leitor possa consultá-los com facilidade.

De acordo com Galliano (1996, p. 154), "apêndices e anexos só devem ser acrescentados ao trabalho se a estrutura da argumentação o exigir".

Índice é a lista dos assuntos, nomes de pessoas, acontecimentos etc., geralmente ordenados por ordem alfabética, que remete o leitor para a sua localização no texto.

5.4 Capa de fundo

Encerra-se o relatório com a capa de fundo, que deve ter a mesma consistência da capa da frente.

Uma folha em branco antes dela dará um melhor acabamento ao trabalho.

5.5 Lembretes e recomendações finais

– No relatório, a linguagem deve ser simples e direta. Não se pode prescindir da correção ortográfica e gramatical. Embora existam variantes, deve-se usar a terceira pessoa do singular, não incluir referências pessoais nem evidenciar opiniões que não sejam resultado da pesquisa realizada.

– O relatório, assim como o projeto, deve ser apresentado em folha de papel sulfite A4, digitado em apenas uma das faces, e para as margens devem ser seguidas as orientações da ABNT, que nesse item são bastante flexíveis. A numeração das páginas segue as orientações utilizadas no projeto.

– Nas instituições de educação superior ou de ensino médio, quase sempre são designados professores/orientadores para acompanhar o aluno estagiário no tocante à teoria e à prática.

A disciplina Estágio Curricular Supervisionado tem a possibilidade de oferecer ao mercado de trabalho funcionários atuantes, egressos de escolas nas quais foram preparados com eficiência para suas profissões.

O relatório, resultado de um bom estágio, poderá servir como complemento de currículo para quem busca colocação em organizações de sua área de formação.

Como recomendações finais, transcrevemos do *Manual de Orientação*: estágio supervisionado:

> Não é demais comentar que escrever, reescrever, aceitar, rejeitar faz parte da redação. Rever constantemente, verificar se não houve repetição, não se cansar de aperfeiçoar são boas medidas para que o trabalho atinja o nível desejado e que corresponda ao grau de estudo (Bianchi et al., 2003, p. 45).

É preciso ainda reforçar: o projeto é o resultado do planejamento inicial do estágio. Deve anteceder sempre a um relatório, isto é, este último não pode existir sem que se prevejam as ações a serem executadas. Como afirma Boaventura (1997, p. 9): "Feito o plano, está pronta a estrutura; falta o recheio. Elaborar o plano é, simplesmente, prever o que será comunicado". Portanto, o projeto, ou plano, é previsão. O relatório é o resultado da aplicação dessa antevisão.

O relatório, suas partes e seus detalhes encontrados neste capítulo são o suficiente para que o estudante possa expandir e concretizar sua capacidade de narrar fatos e experiências.

A insistência para que se prepare uma pasta de campo (como é denominado esse instrumento muito valioso em pesquisa), na qual se organiza todo o material coletado, justifica-se porque essa pasta ajudará o aluno a ter segurança para redigir seu projeto e, posteriormente, o relatório.

Sobre as normas a serem seguidas:

Quando da utilização de uma norma, outras são indicadas para assuntos ligados a ela, de acordo com seu direcionamento. Por exemplo, a NBR 17244, de agosto de 2002, orienta trabalhos acadêmicos e indica as outras necessárias para complementá-las.

Uma dessas normas é a NBR 6024, atualizada em maio de 2003 e válida a partir de junho do mesmo ano. Seu conteúdo: informação e documentação, numeração progressiva de seções de um documento escrito e apresentação. Ela foi uma das utilizadas para este livro.

No Apêndice deste manual foi incluído um exemplo de projeto e nele as normas são utilizadas. A experiência demonstra que elaborar um projeto é uma das etapas mais complexas de um trabalho científico: exige bastante perseverança e vontade de aprender. É a ocasião em que todo o material necessário para o desenvolvimento do relatório é reunido. Após um preparo cuidadoso, basta seguir as instruções básicas e completar essa parte final do estágio.

Espera-se, então, que o aluno realize pesquisas e utilize-as para apresentar resultados claros e significativos em gráficos e tabelas – conteúdos da disciplina Estatística – e tudo o mais que for necessário para apresentar um bom relatório.

Nessa etapa que encerra o estágio, o aluno do curso de Turismo deve "alçar vôo" para alcançar o máximo de sua criatividade. Aliás, criatividade deve ser uma característica predominante naqueles que se propõem a enfrentar os imprevistos existentes nessa profissão, que tem tão vasto campo de atividades.

Bibliografia

ANDRADE, M. M. *Como preparar trabalhos para cursos de pós-graduação:* noções práticas. São Paulo: Atlas, 1995.

ANDRADE, J. V. *Fundamentos e dimensões.* 6. ed. São Paulo: Ática, 2000.

ANGELINI, F.; MILONE, G. *Estatística geral.* Vol. 1. São Paulo: Atlas, 1993.

ASSOCIAÇÃO BRASILEIRA DE NORMAS TÉCNICAS – *NBR 5892. Norma para datar.* Rio de Janeiro, 1989.

_____. *NBR 6023.* Informação e documentação. Referências. Elaboração. Rio de Janeiro, 2002.

_____. *NBR 6024.* Informação e documentação. Numeração das seções de um documento escrito. Apresentação. Rio de Janeiro, 2003.

_____. *NBR 10520.* Informação e documentação. Citações em documentos. Apresentação. Rio de Janeiro, 2002.

_____. *NBR 10522.* Abreviação na descrição bibliográfica. Procedimento. Rio de Janeiro, 1988.

_____. *NBR 12225.* Títulos de lombada. Rio de Janeiro, 1992.

_____. *NBR 14724.* Informação e documentação. Trabalhos acadêmicos. Apresentação. Rio de Janeiro, 2002.

ASSOCIAÇÃO BRASILEIRA DE NORMAS TÉCNICAS. Diretiva Nacional Parte 3 das Diretivas ISO/IEC, 1989. Redação e apresentação de normas brasileiras, 1995.

AUGÉ, M. *Não lugares:* introdução a uma antropologia da supermodernidade. São Paulo: Papirus, 1994. Coleção Travessia do Século.

BARRETTO, M. *Planejamento e organização em turismo.* 6. ed. São Paulo: Papirus, 2001.

BIANCHI, A. C. M.; ALVARENGA, M.; BIANCHI, R. *Manual de orientação*: estágio supervisionado. 3. ed. São Paulo: Pioneira Thomson Learning, 2003.

BRASIL. Leis e Decretos. Lei nº 6494, de 7 de dezembro de 1977. Artigos 1º ao 8º. Dispõe sobre estágio de estudantes de estabelecimentos de ensino superior e de ensino profissionalizante do 2º Grau e Supletivo e dá outras providências.

_____. Decreto nº 87.497, de 18 de agosto de 1982. Regulamenta a Lei nº 6.494. Artigos 1º ao 12º.

_____. Parecer nº 292, de 1962. Brasília: Conselho Nacional de Educação, 1962.

_____. Parecer nº 672, de 1969. Brasília: Conselho Nacional de Educação, 1969.

_____. Resolução nº 9 de 1969. Brasília: Conselho Nacional de Educação, 1969.

_____. Escola/Empresa – a qualificação pelo estágio. Brasília: MEC/DAU, 1979.

_____. Propostas de diretrizes curriculares. Disponível em <http//www.mec.gov.br> Acesso em 10 agosto de 2001.

Bibliografia

_____. Introdução aos parâmetros curriculares nacionais, v.1. Brasília: MEC/SEF 1997.

_____. Departamento Nacional de Mão-de-Obra do Ministério do Trabalho. Portaria nº 1002, de 29 de setembro de 1972. Dispõe sobre os estágios dos estudantes.

BURIOLLA, M. A. F. *O estágio supervisionado*. São Paulo: Cortez, 1995.

CAMARGO, L. O. L. *Educação para o lazer.* São Paulo: Moderna, 2001.

CHAUÍ, M. *Convite à filosofia.* São Paulo: Ática, 1994.

CRUZ, R. C. A. *Geografia do turismo.* São Paulo: Roca, 2001.

DEJOURS, C. *Estudo de psicopatologia do trabalho.* 5. ed. São Paulo: Cortez/Oboré, 1992.

DENCKER, A. F. M. *Métodos e técnicas de pesquisa em turismo.* São Paulo: Futura, 2001.

Universidade Federal de Santa Catarina, Departamento de Ciências da Administração. *Diretrizes para a elaboração e redação do projeto de estágios.* Santa Catarina: apostila, 1989.

_____. *Diretrizes para elaboração e redação do trabalho de conclusão de estágio.* Santa Catarina: apostila, 1989.

Encontro Nacional de Professores de Didática. Brasília: Universidade de Brasília, 1972.

Encontro Nacional de Avaliação do Estágio Supervisionado do Curso de Administração, Conselho Federal de Administração SESU/MEC. Natal: UFRJ, 1996.

FREUND, J. E.; SIMON, G. A. *Estatística aplicada:* economia, administração, contabilidade. 9. ed. Porto Alegre: Bookman, 2000.

GALLIANO, A. G. *O método científico:* teoria e prática. São Paulo: Harbra, 1986.

GRAÇAS, M.; PAIVA, M. V. *Sociologia do Turismo*. São Paulo: Papirus, 1999. Coleção Turismo.

HOLANDA, Aurélio Buarque de. *Novo Aurélio século XXI:* o dicionário da língua portuguesa. Dicionário Eletrônico. Rio de Janeiro: Nova Fronteira. CD-Rom produzido por Lexicon Informática, 2001.

KOOGAN, A.; HOUAISS, A. (Ed.e) *Enciclopédia e dicionário digital 1998.* Direção geral: André Koogan Breikmam. São Paulo: Delta Estadão, 1998. 5 CD-ROM. Produzida por Videolar Multimídia.

LAGE, B. H. G.; MILONE, P. C. *Economia do turismo.* 7. ed. São Paulo: Atlas, 2001.

MARCELLINO, N. C. (org.). *Lazer & empresa.* 2. ed. São Paulo: Papirus, 2000.

MEDEIROS, J. B. *Redação científica:* a prática de fichamentos, resumos, resenhas. 2. ed. São Paulo: Atlas, 1996.

MEGALE, J. F. *Introdução às Ciências Sociais:* roteiro de estudos. São Paulo: Atlas, 1989.

MILONE, G.; ANGELINI, F. *Estatística geral.* V. 1. São Paulo: Atlas, 1993.

MOORE, D. *A Estatística básica e sua prática.* Rio de Janeiro: Livros Técnicos e Científicos, 2000.

NORMAS. DOC. Normas para apresentação de trabalhos. Universidade Federal do Paraná. Biblioteca Central. 5. ed. Curitiba: Ed. da UFPR, 1985.

PÁDUA, E.; MATALLO, M. *Metodologia da pesquisa:* abordagem teórico-prática. São Paulo: Papirus, 1996.

PAIVA, M. G. M. *Sociologia do turismo.* 6. ed. São Paulo: Papirus, 2001.

PIRES, M. J. *Raízes do turismo no Brasil:* hóspedes, hospedeiros e viajantes do século XIX. São Paulo: Manole, 2001.

Bibliografia

ROESCH, S. M. A.; BECKER, G.; MELLO, M. I. *Projetos de estágio do curso de Administração:* guia para pesquisas, projetos, estágios e trabalhos de conclusão de curso. São Paulo: Atlas, 1996.

RODRIGUES, A. B. *Turismo e espaço:* rumo a um conhecimento transdisciplinar. 2. ed. São Paulo: Hucitec, 1999.

RUDIO, F. V. *Introdução ao projeto de pesquisa científica.* 10. ed. Rio de Janeiro: Vozes, 1985.

SALOMON, D. V. *Como fazer uma monografia.* 4. ed. São Paulo: Martins Fontes, 1996.

SEVERINO, A. J. *Metodologia do trabalho científico.* 20. ed. São Paulo: Cortez, 1996.

SILVA, E. M. et al. *Estatística:* para os cursos de Economia, Administração, Ciências Contábeis. São Paulo: Atlas, 1995.

TOLEDO, G. L.; OVALLE, I. I. *Estatística básica.* 2. ed. São Paulo: Atlas, 1982.

VIEIRA, S. *Como escrever uma tese.* 3. ed. São Paulo: Pioneira, 1996.

Apêndice

Projeto de Estágio

Observações preliminares

O projeto é um roteiro para facilitar a compreensão do aluno, mas não deve ser seguido como uma rota única e verdadeira.

Ao elaborar o projeto, o estudante deve levar em conta suas expectativas e as possibilidades do local em que estará estagiando. Nunca é demais reforçar que esse período da vida acadêmica é fundamental para a sua formação e para a aproximação com profissionais que já atuam na área.

É importante lembrar, ainda, que em um mercado altamente competitivo, as empresas estão à procura de potencialidades, de pessoas com ânimo e criatividade que possam impulsioná-las.

Nos primeiros capítulos deste manual, o estudante deve voltar sua atenção para alguns fatos relevantes como:

- a necessidade de vivenciar o estágio como um período de aprendizagem no qual a ação é fundamental, porque daí pode advir a sua projeção profissional;

- a compreensão do significado do que é turismo (vocábulo muito utilizado, mas em cujo significado pouco se reflete);

– a percepção da função a exercer nos locais em que estará estagiando, para compreender o estágio como o ápice de sua formação, no qual terá de aplicar as teorias aprendidas no curso de acordo com os mais variados métodos, já que elas serão instrumentos para um bom estágio.

Entre as várias disciplinas que concorrem para um bom desempenho do estagiário encontram-se a Metodologia Científica – como um guia para atividades dirigidas que possibilitam o êxito nas ações desenvolvidas, no sentido de acrescentar algo ao que já é conhecido – e a Estatística, que permite o tratamento de dados observados por meio de cálculos matemáticos, sua representação gráfica e análise.

A Metodologia Científica, a Estatística e a Informática são suportes para a elaboração de um trabalho direcionado ao estágio acadêmico, colaborando com as disciplinas profissionalizantes. Essa interface proporciona ao estudante a oportunidade de realizar um trabalho que muito contribuirá para integrá-lo na profissão escolhida.

Embora no Brasil essa prática ainda não seja muito utilizada, pretende-se, neste manual, orientar o aluno a executar com eficiência suas ações em um trabalho importante para sua formação profissional.

Ainda, nestas observações preliminares, é interessante lembrar o que Dencker (2000, p. 50) adverte sobre a realização de uma pesquisa:

> Elaborar um projeto é a primeira etapa para obter um conhecimento sistematizado acerca da realidade. É comum que o estudante ou mesmo o profissional considere que fazer pesquisa é sair coletando dados ou levantando informações mediante o uso de formulários ou questionários.

Sem dúvida, a coleta de dados é importante e faz parte do estágio, mas é uma das etapas, e não o todo. É necessário um planejamento cuidadoso e integrado para que o estudante saiba o ponto de partida e o de chegada.

Um lembrete mais: nunca se esquecer da importância da documentação pessoal. A pasta de campo deve ser o primeiro material providenciado. Nela, anotações e documentos serão conservados para posterior utilização.

Convença-se, pois, o estudante universitário (mesmo aquele que não tem intenção de publicar algum trabalho), que a documentação pessoal é uma conseqüência das atividades intelectuais de quem determinou sua especialização e de todo aquele que, mesmo sem a intenção de ser enciclopédico, procura estar em dia com as produções do pensamento humano (Salomon, 1997, p. 88).

Embora cada instituição tenha regras próprias, o modelo aqui apresentado é relativamente comum à maioria, tendo sido aplicado por alunos com os quais temos trabalhado e cujos resultados estimulam a seguir essa linha e, ainda, a divulgar o que eles têm aprendido na prática.

Complementando essas observações, apresentamos um modelo de projeto que servirá para orientar os estudantes que estão iniciando nessa tarefa. De acordo com o *Dicionário Aurélio* (2001), *modelo* é a "representação em pequena escala de algo que se pretende executar em grande". Esperamos que os usuários deste manual utilizem essa apresentação básica para perceber que podem ir além, usando sua criatividade.

MODELO[1]

1 Tema

A valorização do turismo pelos executivos na sociedade pós-industrial.

2 Problema

Por que os executivos estão procurando mais lazer?

Que tipo de lazer os executivos buscam?

Quais as atitudes tomadas pelas empresas diante da procura pelo lazer?

---

[1] No Capítulo 2, a partir do item 2.2.1, encontram-se detalhadas todas as etapas da elaboração de um projeto.

3 Justificativa da escolha do tema

O mercado de serviços cresce à medida que aumenta a demanda; por isso, as oportunidades têm de ser percebidas para que se tire o maior proveito da ocasião, considerando a alta competitividade da sociedade e as mudanças de necessidades.

Cada vez mais, profissionais de várias áreas, como médicos, psicólogos e terapeutas holísticos, defendem a necessidade de lazer para que o homem possa encontrar um ponto de equilíbrio. Os resultados do lazer refletem-se em todas as esferas da vida pessoal e profissional; por isso, muitas empresas têm procurado conhecer o lazer e avaliar seu resultado no trabalho, em um repensar contínuo das relações produtivas que se concretizaram durante a história da humanidade.

É nesse contexto que os executivos têm percebido cada vez mais que estão atrelados ao trabalho, o qual não lhes deixa alternativa para reporem suas energias. Casos de infarto, acidente vascular cerebral, acidentes de trânsito e violência causados por estresse aumentam, independentemente de sexo e idade, porque, na sociedade pós-capitalista, quem não vencer será engolido impiedosamente pela engrenagem que não pára. Mas o homem não sabe mais, por si só, buscar o lazer.

Foi com a percepção desses fatores que, na sociedade moderna, criaram-se empresas cujo negócio é o lazer. Assim, é preciso definir quem é seu consumidor e quais as suas expectativas. Isso justifica a escolha desse tema.

As empresas estão preocupadas com seus executivos e a "empresa de lazer" pode prestar-lhes esse serviço, tornando-se, pois, necessária uma pesquisa para identificar como estabelecer uma relação mais proveitosa e harmônica para atender às necessidades do cliente e do fornecedor.

4 Objetivos

4.1 Gerais

– Propor estratégias visando a atrair executivos para o lazer agenciado.

- Projetar pacotes de formas diferenciadas de lazer, atingindo a diversidade de público.

- Apresentar às empresas a relação entre qualidade de vida e qualidade de trabalho.

4.2 Específicos

- Identificar o perfil dos que procuram as agências de turismo.

- Verificar como as empresas vêem a influência do lazer no trabalho.

- Listar empresas preocupadas com a qualidade de vida de seu público interno.

5 Pressupostos teóricos

5.1 A atividade turística[2]

De acordo com Andrade (2000), o turismo é um fenômeno social datado dos séculos XVIII e XIX, quando jovens aristocratas ingleses, com seus preceptores, faziam viagens com a finalidade de estudar, mas que na prática se tornavam um *grand tour* pelas principais cidades européias.

Assim, pode-se afirmar que o turismo surge de uma conjugação de atividades – estudos, prazer, consumo, lazer –, o que por muito tempo dificultou sua conceituação. Mas, afirma Andrade (2000), três elementos são inerentes em qualquer situação: o homem, o espaço e o tempo – pré-requisitos para qualquer reflexão sobre o turismo.

Nos dias atuais, quando há produção e consumo de bens e serviços, em quase todos os lugares do planeta, o deslocamento de indivíduos e de grupos humanos, por causa da facilidade dos meios de transporte e locomoção, da necessidade de exportação e de importação de produtos diversos e pela possibilidade de

---

[2] Trata-se aqui de um modelo, mas o acadêmico deve fazer uma pesquisa mais profunda e uma interface com as disciplinas já estudadas para elaborar o texto.

maior aquisição de conhecimentos e de respostas que indivíduos e grupos exigem para vivência plena de sua liberdade (...) (Andrade, 2000, p. 16).

Dada a percepção de que a atividade turística tende a crescer, criaram-se agências de lazer dispostas a lucrar com essa necessidade que o homem da sociedade pós-industrial tem e cujo trabalho é propor o descanso.

As agências de lazer têm uma importância muito grande no desenvolvimento econômico de qualquer região, visto que dependem dos serviços de várias áreas, como transporte, alimentação e outros.

Além disso, em geral busca-se o lazer longe de casa, do cotidiano; por isso, deve-se oferecer ao consumidor alegria e descontração, de forma que, ao passar esse período, ele esteja revigorado, em condições de viver com mais qualidade.

5.2 Trabalho na sociedade pós-industrial

Foi durante a Revolução Industrial que trabalho e lazer se dicotomizaram, tornando-se independentes, separados, porque "(...) o tempo se fragmenta, o trabalho se constitui em referência principal e outras esferas da vida do homem deverão se adequar às suas exigências" (Marcellino, 1999, p. 123).

A partir de então, o tempo natural desaparece para dar lugar ao tempo social; o relógio divide as horas do dia e das necessidades humanas.

A sociedade industrial evoluiu de forma espantosa, nunca vista antes, e em pouco tempo tornou-se o que chamamos de sociedade pós-industrial, globalizada, altamente competitiva. Nela o homem não se utiliza da máquina, ele é a própria máquina, no sentido de que nada é mais importante para ele do que o trabalho. A máquina tornou-se seu algoz, porque produz incessantemente mercadorias que devem ser adquiridas, e por isso ele tem de trabalhar mais e mais.

O uso do tempo foi burocratizado, e a saúde física e mental do homem encontra-se abalada pelas condições de trabalho, conforme nos aponta Dejours (1992). Na mesma obra, encontramos o discurso do trabalhador, ansioso e sofrendo não só com as conseqüências físicas mas também com as mentais, com riscos ainda não qualificáveis adequadamente.

Medo e tensão nervosa, problemas cardíacos, falta de concentração e fadiga são os resultados do trabalho incessante e competitivo da sociedade pós-industrial. Esse quadro levou as empresas a se preocuparem com tal fato.

5.3 A preocupação com o divertimento

Camargo (1998) defende a tese de que precisamos ser educados para o lazer. Parece um contra-senso ter de ser preparado para uma atividade que deveria ser inerente ao viver, mas, infelizmente, o homem começou a pensar o trabalho com tanta seriedade que não sabe mais se divertir, e isso tem se refletido em seu cotidiano no trabalho.

As próprias empresas começam a perceber que o *homo faber* precisa do equilíbrio com o *homo ludens*. Em princípio, essas duas expressões são opostas, distintas e jamais se encontram, porque trabalhar e brincar são incompatíveis, visto que ser *faber* é "(...) executar o maior número de tarefas no menor tempo possível" (Camargo, 1998, p. 22). E ser *ludens* é "(...) deixar o tempo passar, apenas degustando-o, seja jogando conversa fora sem remorso, seja em uma pescaria, seja em um vagar sem rumo pela cidade ou pelo campo (...)" (Camargo, 1998, p. 23).

Foi preciso algum tempo para que as empresas percebessem que o homem precisa dos seus dois eus, o *ludens* e o *faber*, a fim de melhorar a qualidade de vida de seus funcionários e garantir maior rendimento no trabalho; por isso, passamos a procurar as agências de lazer (agências de turismo).

Há várias formas de diversão, sendo necessário verificar qual o perfil de cada cliente e o que ele espera: aventura, competição, emoção, paz, amizade. Assim, será possível às agências explorar adequadamente o seu espaço.

6 Hipóteses

6.1 Os executivos estão procurando mais lazer em decorrência da pressão exercida pelos cargos na sociedade moderna, além das pressões sociais, econômicas e políticas a que estão constantemente submetidos.

6.2 Os executivos procuram atividades de lazer que os coloquem junto à natureza e em contato com pessoas de ramos diferenciados de atividades, além de que o lazer deve ser dirigido de forma a não permitir que os problemas do cotidiano profissional sejam a tônica das conversas e atividades.

6.3 Algumas empresas estão buscando formas de lazer organizadas por agências a fim de oferecer a seus executivos a possibilidade de combate à fadiga do trabalho, de maneira que eles, ao retornarem, possam produzir mais.

7 Variáveis

No caso do turismo, as variáveis podem ser:

- executivos;
- causas da procura do lazer em agências próprias para esse serviço;
- tipos de lazer procurados;
- empresas;
- empresas de lazer.

8 Procedimento metodológico da pesquisa

No período de estágio, serão utilizados a técnica de observação participante e um levantamento mediante a utilização de questionário aplicado a uma amostragem aleatoriamente escolhida de clientes dispostos a respondê-lo.

A pesquisa será qualitativa e quantitativa e, para a análise dos questionários, será utilizada a Estatística, no tratamento dos dados coletados, que constituem a matéria-prima das pesquisas.

[Observação: reforça-se, neste momento, como já foi feito em outros pontos deste manual, que o relatório de estágio é o resultado daquilo que o aluno observou no período em que permaneceu na empresa. Para que o estágio acrescente conhecimentos básicos à sua formação acadêmica, é necessário anotar a organização, os problemas, falhas, estrutura, sucessos e ter dados concretos, suficientes e consistentes para relatar. Aprender a observar é muito importante, e anotar essas observações será bastante válido para sua atuação como profissional e até mesmo para que se abram novos campos de ação.]

9 Desenvolvimento do estudo – tratamento estatístico dos dados

9.1 Elaboração de questionário com perguntas abertas e fechadas [ver modelo anexo].

9.2 Coleta/aplicação do questionário a uma amostra de profissionais, escolhidos aleatoriamente, que se enquadrem na categoria "executivos".

9.3 Apuração dos dados, sua contagem e agrupamento.

9.4 Apresentação, por meio de tabelas e gráficos.

9.5 Análise e interpretação dos dados.

A análise dos dados será descritiva e analítica, confrontando a teoria e os dados colhidos.

[Observação: após a determinação do tema, haverá a escolha da pesquisa e das técnicas a serem utilizadas. O questionário poderá ser aberto, fechado ou misto. Outras técnicas como entrevista e observação poderão ser selecionadas.]

10 Cronograma

Período de atividade	ago. 2003 semana	set. 2003 x x x x	out. 2003 x x x x	nov. 2003 x x x x	dez. 2003 x x x x	jan. 2004 x x x x
Identificação das atividades da empresa	x x x x	x x x x				
Acompanhamento das atividades	x x x x	x x x x				
Aplicação do questionário		x x x x				
Apuração dos dados			x x x x	x x x x		
Apresentação dos dados				x x	x x x x	
Análise e interpretação dos dados					x x	x x
Elaboração do relatório final						x x x x

11 Bibliografia

Alguns exemplos

ASSOCIAÇÃO BRASILEIRA DE NORMAS TÉCNICAS. Diretiva Nacional Parte 3 das Diretivas ISO/IEC, 1989. Redação e apresentação de Normas Brasileiras, 1995.

BARRETTO, M. *Planejamento e organização em turismo.* 6. ed. São Paulo: Papirus, 2001.

BIANCHI, A. C. M.; ALVARENGA, M. ; BIANCHI, R. *Manual de orientação:* estágio supervisionado. 3. ed. São Paulo: Pioneira, 2003.

QUESTIONÁRIO

(Modelo)

Universidade

Curso de Turismo

Estamos fazendo uma pesquisa para melhorar o conhecimento acerca da importância do lazer para os executivos e propor maneiras de melhor atender a esses clientes. Assim, gostaríamos de contar com sua colaboração para responder a este questionário.

Não há necessidade de identificar-se, e as respostas não serão utilizadas para outro fim que não seja o estudo desse problema.

Gratos.

Questões

1. Sexo

    1.1. Masculino ( )

    1.2. Feminino ( )

2. Idade _____ anos

3. Estado civil

solteiro ( )   divorciado ( )

casado ( )   separado   ( )

viúvo   ( )   desquitado ( )

4. Profissão _____

5. Função na empresa _____

6. Quantas horas trabalha por dia?

_____ horas

7. Tem alguma forma de lazer?

  7.1. Sim ( )

  7.2. Não ( )

Qual? _____

8. Já teve algum problema de saúde relacionado ao excesso de trabalho?

  8.1. Sim ( )

  8.2. Não ( )

Qual? _____

9. A empresa tem algum programa ou projeto relativo ao lazer?

  9.1. Sim ( )

  9.2. Não ( )

Se respondeu sim, escreva sobre ele.

_____

_____

_____

_____

_____

_____

_____

_____

_____

_____

10. Que tipo de lazer procura?

_____

_____

_____

_____

_____

11. Caso queira, faça alguma sugestão ou observação livre sobre o assunto de que estamos tratando.

_____

_____

_____

_____

_____

Anexos

Anexo 1 – Lei nº 6.494, de 7 de dezembro de 1977

Dispõe sobre os estágios de estudantes de estabelecimentos de ensino superior e de ensino profissionalizante do 2º Grau e Supletivo e dá outras providências

O Presidente da República,

Faço saber que o Congresso Nacional decreta e eu sanciono a seguinte lei:

Art. 1º As Pessoas Jurídicas de Direito Privado, os Órgãos da Administração Pública e as Instituições de Ensino podem aceitar, como estagiários, alunos regularmente matriculados e que venham freqüentando, efetivamente, cursos vinculados à estrutura do ensino público e particular, nos níveis superior, profissionalizantes de 2º grau e supletivo.

§ 1º O estágio somente poderá verificar-se em unidades que tenham condições de proporcionar experiência prática na linha de formação, devendo o estudante, para esse fim, estar em condições de estagiar, segundo disposto na regulamentação da presente lei.

§ 2º Os estágios devem propiciar a complementação do ensino e da aprendizagem a serem planejados, executados, acompanhados e avaliados em conformidade com os currículos, programas e calendários escolares, a fim de se constituírem em instrumentos de integração, em termos de treinamento prático, de aperfeiçoamento técnico/cultural, científico e de relacionamento humano.

Art. 2º O estágio, independentemente do aspecto profissionalizante, direto e específico, poderá assumir a forma e atividade de extensão, mediante a participação do estudante em empreendimentos ou projetos de interesse social.

Art. 3º A realização do estágio dar-se-á mediante termo de compromisso celebrado entre o estudante e a parte concedente, com interveniência obrigatória da instituição de ensino.

§ 1º Os estágios curriculares serão desenvolvidos de acordo com o disposto no parágrafo 2º do Art. 1º desta lei.

§ 2º Os estágios realizados sob a forma de ação comunitária estão isentos de celebração de termo de compromisso.

Art. 4º O estágio não cria vínculo empregatício de qualquer natureza e o estagiário poderá receber bolsa, ou outra forma de contra-prestação que venha a ser acordada, ressalvado o que dispuser a legislação previdenciária, devendo o estudante, em qualquer hipótese, estar segurado contra acidentes pessoais.

Art. 5º A jornada de atividade em estágio, a ser cumprida pelo estudante, deverá compatibilizar-se com seu horário escolar e com o horário da parte em que venha a ocorrer o estágio.

Anexos

Parágrafo único. Nos períodos de férias escolares, a jornada de estágio será estabelecida de comum acordo entre o estagiário e a parte concedente do estágio, sempre com interveniência da instituição de ensino.

Art. 6º O Poder Executivo regulamentará a presente lei no prazo de 30 dias.

Art. 7º Esta lei entrará em vigor na data de sua publicação.

Art. 8º Revogam-se as disposições em contrário.

Brasília, em 07 de dezembro de 1977; 156º da Independência e 89º da República.

ERNESTO GEISEL

Ney Braga

(21) – *Diário Oficial* – 9/12/77.

Anexo 2 – Decreto nº 87.497, de 18 de agosto de 1982

Regulamenta a Lei n. 6.494, de 07 de dezembro de 1977, que dispõe sobre o estágio de estudantes de estabelecimentos de ensino superior e de 2º grau regular e supletivo, nos limites que especifica, e dá outras providências.

O **Presidente da República**, no uso das atribuições que lhe confere o Artigo 81, item III, da Constituição,

DECRETA:

Art. 1º O estágio curricular de estudantes regularmente matriculados e com freqüência efetiva nos cursos vinculados ao ensino oficial e particular, em nível superior e de 2º grau regular e supletivo, obedecerá às presentes normas.

Art. 2º Considera-se estágio curricular, para efeitos deste Decreto, as atividades de aprendizagem social, profissional e cultural, proporcionadas ao estudante pela participação em situações reais de vida e trabalho de seu meio, sendo realizada na comunidade em geral ou junto a pessoas jurídicas de direito público ou privado, sob responsabilidade e coordenação da instituição de ensino.

Art. 3º O estágio curricular, como procedimento didático pedagógico, é atividade de competência da instituição de ensino a quem cabe a decisão sobre a matéria, e dele participam pessoas jurídicas de direito público e privado, oferecendo oportunidade e campos de estágio, outras formas de ajuda, e colaborando no processo educativo.

Art. 4º As instituições de ensino regularão a matéria contida neste Decreto e disporão sobre:

a) inserção do estágio curricular na programação didático/pedagógica;

b) carga horária, duração e jornada de estágio curricular, que não poderá ser inferior a um semestre letivo;

c) condições imprescindíveis para caracterização e definição dos campos de estágios curriculares, referidas nos §§ 1º e 2º do artigo 1º da Lei nº 6.494, de 07 de dezembro de 1977;

d) sistemática de organização, orientação, supervisão e avaliação do estágio curricular.

Art. 5º Para caracterização e definição do estágio curricular é necessária, entre a instituição de ensino e pessoas jurídicas de direito público e privado, a existência de instrumento jurídico, periodicamente reexaminado, onde estarão acordadas todas as condições de realização daquele estágio, inclusive transferência de recursos à instituição de ensino, quando for o caso.

Art. 6º A realização do estágio curricular, por parte de estudante, não acarretará vínculo empregatício de qualquer natureza.

§ 1º O Termo de Compromisso será celebrado entre o estudante e a parte concedente da oportunidade do estágio curricular, com a interveniência da instituição de ensino, e constituirá comprovante exigível pela autoridade competente da inexistência de vínculo empregatício.

§ 2º O Termo de Compromisso de que trata o parágrafo anterior deverá mencionar necessariamente o instrumento jurídico a que se vincula, nos termos do artigo 5º.

§ 3º Quando o estágio curricular não se verificar em qualquer entidade pública e privada, inclusive como prevê o § 2º do artigo 3º da Lei nº 6.494/77, não ocorrerá a celebração do Termo de Compromisso.

Art. 7º A instituição de ensino poderá recorrer aos serviços de agentes de integração públicos e privados, entre o sistema de ensino e os setores de produção, serviços, comunidade e governo, mediante condições acordadas em instrumento jurídico adequado.

Parágrafo único. Os agentes de integração mencionados neste artigo atuarão com a finalidade de:

a) identificar para a instituição de ensino as oportunidades de estágios curriculares junto a pessoas jurídicas de direito público e privado;

b) facilitar o ajuste das condições de estágios curriculares, a constarem do instrumento jurídico mencionado no artigo 5º;

c) prestar serviços administrativos de cadastramento de estudantes, campos e oportunidades de estágios curriculares, bem como de execução do pagamento de bolsas, e outros solicitados pela instituição de ensino;

d) co-participar, com a instituição de ensino, no esforço de captação de recursos para viabilizar estágios curriculares.

Art. 8º A instituição de ensino, diretamente, ou através de atuação conjunta com agentes de integração, referidos no "caput" do artigo anterior, providenciará seguro de acidentes pessoais em favor do estudante.

Art. 9º O disposto neste Decreto não se aplica ao menor aprendiz, sujeito à formação profissional metódica do ofício em que exerça seu trabalho e vinculado à empresa por contrato de aprendizagem, nos termos da legislação trabalhista.

Art. 10 Em nenhuma hipótese poderá ser cobrada ao estudante qualquer taxa adicional referente às providências administrativas para a obtenção e realização do estágio curricular.

Art. 11 As disposições deste Decreto aplicam-se aos estudantes estrangeiros, regularmente matriculados em instituições de ensino oficial ou reconhecidas.

Art. 12 No prazo máximo de 4 (quatro) semestres letivos, a contar do primeiro semestre posterior à data de publicação deste Decreto, deverão estar ajustadas às presentes normas todas as situações hoje ocorrentes, com base em legislação anterior.

Parágrafo único. Dentro do prazo mencionado neste artigo, o Ministério da Educação e Cultura promoverá a articulação de instituições de ensino, agentes de integração e outros Ministérios, com vistas à implementação das disposições previstas neste Decreto.

Art. 13 Este Decreto entrará em vigor na data de sua publicação, revogados o Decreto nº 66.546, de 11 de maio de 1970, e o Decreto nº 75.778, de 26 de maio de 1975, bem como as disposições gerais e especiais que regulem em contrário ou de forma diversa a matéria.

Brasília, em 18 de agosto de 1982; 161º da Independência e 94º da República.

JOÃO FIGUEIREDO

Rubem Ludwig

[Observação: O Parágrafo Único do Art. 12 foi revogado pelo Decreto Federal n. 89.467, de 21 de março de 1984.]

(21) – *Diário Oficial* – 19/08/82.

Impresso nas oficinas da
Gráfica Palas Athena